A Tear and a smile
눈물과 미소
칼릴 지브란/박지은 옮김

동서문화사

그림 : Kahlil Gibran

눈물과 미소
차례

눈물과 미소
눈물과 미소 … 11
사랑의 생애 … 14
불의 글자 … 18
내 영혼이여, 내게 자비를 … 22
한 친구 이야기 … 27
환상과 진실 … 32
나를 비난하는 사람에게 … 34
독백 … 38
만남 … 42
삶의 놀이터 … 44
시인 … 46
아기 예수 … 50
영혼의 결합 … 56
바람이여 … 62
연인의 귀향 … 68
죽음의 미학 … 74
어떤 노래 … 80
파도의 노래 … 83

비의 노래 … 85
아름다움의 노래 … 88
행복의 노래 … 90
꽃의 노래 … 92
인생 찬가 … 95
시인의 목소리 … 98

부러진 날개
머리글 … 109
침묵하는 슬픔 … 114
운명의 손길 … 118
성스러운 그곳의 문지방 … 122
하얀 불꽃 … 128
태풍 … 132
불의 호수 … 144
죽음의 보좌 앞에서 … 162
그리스도와 이슈타르 사이에서 … 178
희생 … 184
구원자 … 196

대지의 신
대지의 신…205

방랑자
방랑자…233

방랑자/의상/독수리와 종달새/연가/눈물과 웃음/시장에서/두 왕비/벼락/은자(隱者)와 짐승/예언자와 어린이/진주/육체와 영혼/왕/모래 위에서/세 가지 선물/전쟁과 평화/무용가/두 수호천사/교환/조상(彫像)/사랑과 미움/꿈/광인(狂人)/개구리/법과 법 만들기/어제, 오늘, 그리고 내일/철학자와 신기료 장수/교량 가설자/자드의 들판/황금 허리띠/적토(赤土)/보름달/은둔자/오래 된 술/두 시인/루스 부인/쥐와 고양이/저주/석류/신은 몇 명인가/귀머거리 여인/탐구/왕홀(王笏)/길/고래와 나비/평화의 전염/그늘/일흔 살/신(神)을 찾는 자/강/두 사냥꾼/또 다른 방랑자

칼릴 지브란의 생애와 작품…291

A Tear and a smile
눈물과 미소

눈물과 미소

내 가슴에 쌓인 슬픔을 저 숱한 사람들의 기쁨과 바꾸지 않으리. 내 몸 구석구석 흐르는 슬픔을 웃음으로 바꾸지도 않으리. 나는 내 삶을 눈물과 미소로 남겨두려네.

눈물은 내 가슴을 씻어주고 인생이 감춘 의미와 비밀들을 이해하게 하네. 미소는 내 아들들에게 나를 이끌어주며 신들에게 바치는 찬미의 상징이지.

눈물은 나를 상처입은 사람들과 함께이게 하고, 미소는 살아 있는 내 기쁨의 표적이네.

나는 지친 몸으로 절망 속에서 사느니 열망과 동경 속에서 죽기를 바라네.

나는 내 영혼 깊숙이 사랑과 아름다움에 대한 갈망이 자리 잡기를 바라네. 나는 보았네, 늘 배부른 사람이야말로 가장 비참한 사람이라는 것을. 나는 들었네, 열망과 동경을 가진 이들의 한숨소리를. 그 소리는 세상 어떤 음악보다도 달콤했다네.

저녁이 다가오면 꽃들은 저마다 그리움을 가슴에 안고 꽃잎을 접고, 아침이 오면 입술을 열어 태양의 입맞춤을 받아들이지.

그리움과 충족, 그리고 눈물과 미소로 이룬 한 송이 꽃의 삶.

바닷물은 수증기가 되어 하늘로 올라가 구름이 되지.
언덕과 계곡 위를 헤매던 구름은 부드러운 바람을 만나 눈물을 흘리며 들판 위로 떨어지지. 그리하여 시냇물과 만나 고향 바다로 돌아간다네.
작별과 만남. 그리고 눈물과 미소로 이룬 구름의 생애.
그렇듯, 위대한 하나의 영혼에서 떨어져 나온 영혼은 슬픔의 산과 기쁨의 평원 위를 구름처럼 떠돌다 죽음의 바람과 만나 영원한 본향으로 돌아간다네.
사랑과 아름다움의 대양에게로. 신에게로.

눈물과 미소

사랑의 생애

봄

오라, 사랑하는 이여. 와서 이 작은 언덕길을 함께 거닐자. 눈은 녹고 생명은 잠에서 깨어 언덕과 계곡들 사이를 소요하고 있으니.

오라, 와서 우리, 아득한 들판 저편으로 봄의 발자국들을 따라가 보자.

그대가 오면 우리는 높은 산정에 올라 저 아래 파도치는 녹색 들판을 함께 굽어보리라.

새벽이 겨우내 감췄던 봄옷을 찾아 펼쳤다. 복숭아나무와 사과나무는 봄옷을 휘감고 영광의 밤을 맞은 신부처럼 곱게 꾸미고 있었다.

잠에서 깬 포도나무의 덩굴손은 포옹하는 연인처럼 휘감겨 있었다. 시냇물은 기쁨에 차 노래 부르며 바윗돌 사이로 튀어 올랐다.

꽃들은 파도 위로 튀어 오르는 물거품처럼 대자연의 가슴에서 폭발하듯 피어났다.

오라, 사랑하는 이여. 백합 봉우리에 담긴 겨울의 마지막 눈물을 마시며 새들의 노래로 영혼을 달래자.

향기로운 미풍을 마시며 돌틈 사이로 보랏빛 제비꽃을 감춘

저 바위에 앉아 사랑의 입맞춤을 나누자.

여름
들판으로 나가자, 사랑하는 이여. 바야흐로 수확의 날들이 가까워지고 있다.
자연을 향한 따스한 사랑 속에서 곡식들은 태양빛에 익어가노니. 오라, 사랑이여. 새들이 우리가 공들여 키운 과일을 가로채기 전에, 개미들이 우리 땅을 먹어치우기 전에.
우리 가슴 깊은 곳에 만족의 씨앗을 뿌린 영혼이 행복의 낟알을 거두어들이듯, 우리도 대지의 농작물을 거두어들이자.
오라, 우리의 창고를 대자연의 선물로 가득 채우자꾸나. 생이 우리의 영혼을 그득히 채우는 것처럼.

오라, 내 친구여. 풀밭을 침대 삼고 하늘을 이불삼아 누워보자.
우리의 머리를 부드러운 마른 풀 베개 위에 눕히고 노동으로 지친 하루의 휴식을 취하며 골짜기마다 종알대듯 흐르는 시냇물의 음악소리에 귀 기울여 보자.

가을
내 사랑이여, 포도밭으로 나가자. 영혼이 세월의 지혜를 저장하는 것처럼, 포도알을 으깨어 그 즙을 담아 포도주를 만들자.
일을 마쳤으면 이제 집으로 돌아가자. 여름이 끝나 잎사귀들은 모두 노랗게 시들고 바람이 가랑잎을 흩날려 슬픔에 젖어 죽어가는 꽃들을 위한 장례식을 채비하고 있을 때.

사랑의 생애

새들이 날개 위에 한낮 정원의 즐거운 환호를 간직한 채 재스민나무와 도금양나무에 황혼의 고독을 남기고 잔디밭에 마지막 눈물을 뿌리고 바닷가로 떠날 때, 그대, 오라.

오라, 사랑하는 이여. 우리 함께 가자. 시냇물은 흐름을 멈췄고 기쁨의 눈물이 말라버린 샘물은 더 이상 샘솟지 않는다. 작은 언덕들도 그 찬란한 겉옷을 벗어던졌으니.

오라, 사랑하는 사람아. 잠으로 뒤덮인 대자연의 밤들이 슬프고 희망 어린 불면의 시간에 작별을 노래할 때.

겨울

내게 가까이 오라, 영혼의 동반자여. 차가운 숨결이 그대와 나를 떼어내지 못하게 꼭 끌어안자.

겨울의 열매, 이 불꽃이 일렁이는 난롯가에 나와 함께 앉으라.

함께 이 시대를 이야기하자. 내 귀는 바람의 한숨소리와 폭풍우의 슬픈 탄식에 지쳤노라.

모든 문과 유리창을 단단히 잠그자. 대자연의 분노에 찬 얼굴이 우리 영혼을 슬프게 만드는구나. 마치 죽은 어머니처럼 내 곁에 앉아 눈 덮인 도시를 내려다보며 내 가슴에서 피를 솟구치게 하도다.

그대여, 이제부터 등잔에 기름을 채우라. 벌써 날이 희미해지고 있으니, 어둠이 그대 얼굴 위에 무엇을 적고 있는지 볼 수 있게 등잔을 그대 옆에 놓고 포도주 항아리를 이리 가져오라. 우리 그 술을 마시며 포도밭을 거닐던 시절을 이야기하자.

좀더 가까이 오라, 내 영혼의 연인이여. 불길은 죽어가고 어느덧 재만 남았도다.

희미한 등불의 빛조차 어둠이 삼켜버렸으니 그대여, 나를 안아다오.

세월의 포도주에 취한 우리 눈동자엔 졸음이 가득하구나.

무거워진 그대 눈동자를 들어 나를 바라보라. 잠이 우리를 찾기 전에 나를 안고 부드럽게 입맞춰다오. 그대 입맞춤만을 빼놓고 모든 것들은 흰 눈에 뒤덮여 보이지 않는구나.

오, 사랑하는 이여. 잠의 바다는 왜 이토록 깊은가! 이런 밤 속에서……, 아침은 또 얼마나 멀리 있는가!

불의 글자

　　수많은 밤이 우리 곁을 지나갔다.
　　운명은 왜 이다지도 우리를 짓밟는 것인가?
　　우리를 삼켜버린 세월은 우리를 기억하지 않고, 단지 잉크 대신 물로 쓰인 이름만 남는 것인가?
　　인생은 소멸하고
　　사랑은 사라지고
　　모든 희망들도 그처럼 죽어버리는 것인가?

　　죽음이 우리가 애써 쌓은 것들을 무너뜨리고
　　바람이 우리의 말을 흩어버리며
　　어둠이 우리 발자취를 숨겨버리는가?

　　정녕 이것이 삶이란 말인가?
　　지나간 과거는 흔적조차 없는데,
　　현재란 그 과거를 좇아가는 것인가?
　　현재와 과거가 없다면, 미래란 아무 의미도 없는, 그런 것인가?
　　우리 가슴속 모든 기쁨과 영혼을 슬프게 하는 모든 것들은 우리가 그 열매를 맛보기도 전에 사라지는가?

눈물과 미소

불의 글자

인간이란, 바다의 얼굴 위에
한순간 머물렀다 바람결에 사라지는
물거품 같은 것인가.
그것이 전부란 말인가?

아니다, 인생이란 인생의 진실이 있는 것,
인생이란 어머니의 자궁 속에서 태어나서
죽음으로 끝맺는 그런 것이 아니다.

영원 속의 한순간이 아니라면 이 세월들은 다 무엇인가?

지상에서의 삶과 그 속의 모든 것들,
우리가 죽음과 공포라 부르는 것들은
다만 선잠 속의 꿈에 불과한 것.
그러나 우리가 그 안에서 보고 행하는 모든 일들이 꿈일지라도
그 꿈은 신 안에서 영속하는 것.

대기는 우리 가슴에서 일어나는
모든 미소와 탄식을 품고,
사랑에서 생겨난 모든 입맞춤의 소리들을 모은다.
천사들은 우리 슬픔의 눈물을 헤아리고 있으며,
방황하는 영혼들의 귀에
숨겨둔 기쁨으로 만든 우리의 노래를 가득 채우리라.

아득히 먼 날

눈물과 미소

오직 우리 심장의 고동소리만이 느껴질 것이며
신과 같은 우리 존재의 의미를 이해하게 되리라.
그러나 지금은 항상 절망이 발치 머물며
공허만을 안겨줄 뿐.

오늘 우리가 인간의 나약함이라 부르는 죄악은
내일이면 그 모습을 드러내리라.
인간의 존재 속에 켜진 횃불로.
보답받지 못하는 생의 번민과 고난은
우리의 영광을 증거하기 위해 존재하는 것.
지금 견디는 이 고통은,
먼 훗날 우리에게 명예의 왕관을 씌워주리.

음유시인 키츠가 자신이 부른 노래들이 끊임없이 사랑의 아름다움을 일깨워주고 있다는 걸 알았다면 그는 분명 이렇게 말했으리라.
"내 비문에 이렇게 새겨주시오. '여기, 불의 글자로 하늘의 얼굴에 자신의 이름을 새긴 한 인간이 누워 있노라'고."

내 영혼이여, 내게 자비를

아직도 나는 존재의 나약함을 느끼고 있는데
내 영혼이여, 얼마나 더 비탄에 빠져 있으려는가?
언제까지 울부짖을 것인가?
내가 가진 것은 오직 인간의 언어뿐,
그것으로 그대의 꿈을 이야기할 수밖에.

기억해보라, 내 영혼이여,
내 얼마나 많은 날들을 그대의 가르침에 귀기울였던가.
똑똑히 보라, 나를 괴롭히는 당신,
그대를 따르느라 내 육신이 얼마나 지치고 허약해졌는지를.
내 마음은 군주처럼 당당했으나
이젠 당신의 노예가 되었고,
내 인내는 평화를 주는 것이었으나
이젠 형벌이 되었노라.
나를 친구로 삼았던 내 젊음은
오늘은 나를 비난하고 있네.
이 모든 것들은 신이 주신 것이니
그대 더 이상 무엇을 바라는가.

나는 내 자신으로부터 고개를 돌리고

눈물과 미소

내 영혼이여, 내게 자비를

삶의 기쁨도 포기하였노라.
그리하여 저 영광의 세월에서 비켜섰으니
이제 당신밖에는 내게 아무도 남지 않았다.
이제, 공평히 심판해다오.
공정함이란 그대의 광채이니.
아니면 죽음을 허락해달라, 그대의 감옥에서
나를 풀어달라.

내 영혼이여, 자비를.
그대는 내가 가질 수도 없는
사랑이란 짐을 지웠다.
그대와 사랑은 하나의 힘으로 존재하지만
나와 내 육신은 두 개의 힘으로 나누어졌다.
강한 힘과 약한 힘이 싸움을 한들, 그것이 영원하겠는가?

내 영혼이여, 내게 자비를.
그대는 아득히 먼빛으로 행운을 보여주었다.
행운은 그대와 함께 높은 산 위에 올랐으나,
나는 불운한 깊은 골짜기에 있노라.
그 높고 낮음이 서로 만날 수 있겠는가?

내게 자비를, 영혼이여,
그대는 내게 아름다움을 보여주고는
재빨리 다시 감추었다.
그대는 아름다움의 빛 속에 있으나
나는 무지의 어둠 속에 있다.

눈물과 미소

그 빛과 어둠이 합쳐질 수 있겠는가?

오, 그대 내 영혼이여, 그날이 오기도 전에
그대는 내세의 기쁨에 취해 있다.
이 육신은 아직도
삶의 한가운데서 절망하고 있는데.

그대는 무한을 향해 질주하고 있다.
이 육신은 파멸의 발길 아래 비틀거리는데
그대는 한곳에 오래 머물지도 않고, 서두르지도 않는다.
오, 영혼이여, 나는 바닥 없는 절망에 빠졌다.
그대는 하늘까지 높이 오르고
내 몸은 지구의 힘에 이끌려 점점 아래로 떨어진다.
그대는 그런 나를 달래주지도 않고
육신이야 어찌 되든 개의치 않는다.
이것이, 내 영혼이며 증오인 것이다.

내 영혼인 그대는 지혜가 넘치는데
이 육신은 턱없이 무지할 따름이다.
그대는 너그러이 타협하지 않고
너그러움 역시 그대를 따르지 않는다.
내 영혼이여, 이것이 불행의 전부이다.

그대는 고요한 밤길을 걸어간다.
사랑하는 사람을 향해
이 육신은

내 영혼이여, 내게 자비를

이별과 그리움에 상처 입어 죽고 또 죽는다.
내게 자비를 내려다오, 영혼이여.

한 친구 이야기

1

나는 인생의 이정표를 잃어버린 한 젊은이를 알게 되었다.

그는 젊은 혈기에 이끌려 욕망만을 쫓다 죽음마저 유혹하는 사람이었다. 그는 마치 관능적인 욕망의 알 수 없는 바다로 휘몰아치는 환상의 바람이 피운 한 송이 꽃 같았다.

작은 시골 마을에서 자란 그는 아무 이유 없이 새의 둥지를 부수고 어린 새끼들을 죽이는 잔인한 소년이었다. 툭하면 꽃들을 짓밟아버리기도 했다. 학창시절에는 학문과 평화의 적들을 경멸하며 사춘기를 보냈다. 훗날 그는 도시로 가 상실의 시장에서 아버지의 명예를 팔고 수치의 장소에서 부를 낭비하며 술의 유혹에 빠진 젊은이가 되었다.

그래도 나는 그를 사랑하였다. 아, 나는 슬픔과 연민이 뒤얽힌 복잡한 감정으로 그를 사랑하였다. 그의 실수들이 진심에서 우러나온 것이 아니라 약하고 절망한 영혼이 낳은 행위였다는 걸 나는 알고 있었다.

오, 사람들아, 우리 영혼은 무심코 지혜의 길을 피하지만 결국 스스로 그 길로 되돌아오는 법이다. 무릇 젊음은 먼지와 모래가 몰아치는 회오리바람 한가운데 있기 때문에 그 영혼을 눈멀게 하는 것이다.

나는 그 젊은이가 영혼이 따뜻한 사람이라 느꼈다. 자신의 사악한 부분과 싸우고 있는 양심의 비둘기를 보았기 때문이다. 그 비둘기는 때론 자신보다 강한 힘에 패배하기도 했지만 비겁하기 때문은 아니었다. 그 비둘기는 정당하지만 나약한 심판관이었고, 판단을 실천하는 중에 그는 유독 약해지곤 했다.

나는 그를 사랑했다고 고백했다. 사랑은 여러 가지 모습으로 나타나게 마련이다. 종종 사랑은 지혜처럼 다가오고 어느 때는 정의로 나타나며 또, 희망의 모습으로 다가오기도 한다. 그 젊은이에 대한 내 사랑은 희망 같은 것이었는데, 이를테면 그가 눈부신 태양빛을 받아 캄캄한 슬픔에서 벗어나길 비는 것이었다. 그러나 나는 알지 못했다. 언제 어느 때 더러움이 깨끗해지고, 잔인이 친절이 되고, 무지가 지혜로 변할지를. 어떻게 하면 인간의 영혼이 물질로부터 자유로워지는지는 그가 자유로워진 후에야 비로소 깨닫는 것이다. 아침이 온 뒤가 아니면 꽃의 미소를 인간이 어찌 알겠는가.

2

세월은 암흑 속에서 흘렀다. 나는 괴로운 가슴으로 그 젊은이를 떠올리며 그 이름을 불러보았다. 그리고 어제 한 통의 편지를 받았다.

"나에게 와주오, 친구여. 당신에게 소개하고 싶은 한 젊은이가 있소. 그를 만나면 당신은 분명 영혼의 기쁨을 알게 될 것이오."

나는 편지를 읽고 이런 생각을 했다.

"아! 그는 우리 슬픈 우정에 자기와 닮은 또 하나의 친구까지 불러들이려 하는가? 그 자체가 스스로 잘못된 낱말로 이룬 하나의 예문이 아닌가? 지금 그 문장의 여백에 새로운 친구란 낱말들까지 끼워넣고자 하는 것인가? 물질의 책 속에 적힌 단 한 글자도 내 곁을 빠져나가지 못하도록?"

하지만 다음 순간 나는 생각을 바꾸었다.

"나는 가리라. 그 영혼의 지혜라는 것 역시 엉겅퀴 속 무화과와 마찬가지라는 것을 깨닫겠지만, 사랑이 충만한 가슴으로 어둠으로부터 빛을 끌어내리라."

저녁 무렵, 나는 그 젊은이에게 갔다. 그는 방 안에서 시집을 읽고 있었다. 나는 그가 손에 책을 들고 있다는 사실에 놀라움을 감추지 못한 채 그에게 물었다.

"그 새로운 친구는 어디 있습니까?"

"내가 바로 그 사람입니다. 친구여, 내가 그 새로운 친구입니다."

그는 거듭 같은 말을 되뇌었다. 그는 일찍이 본 적 없는 고요 속에 침잠해 있었다. 잠깐의 침묵이 흐른 뒤, 그가 나를 바라보았다. 그 눈동자 속엔 사람의 강렬하고 기이한 빛이 감돌고 있었다. 오랫동안 거칠고 냉혹한 빛을 발하던 그 눈동자에는 사랑의 빛이 넘쳐흘렀다. 그는 마치 딴사람처럼 달라진 목소리로 말했다.

"당신의 소꿉동무였고 젊은 시절을 함께 보냈던 그 사람은 죽었답니다. 정말입니다. 그의 죽음으로 나는 태어났습니다. 이제 우리 악수합시다."

그의 손을 잡았을 때 나는 따뜻한 피가 흐르는 영혼을 느낄 수 있었다. 아, 그 딱딱하고 차갑던 손이 한없이 온화하고 부드러워져 있었다. 표범의 날카로운 발톱 같았던 손가락들이 이제는 가슴을 어루만지는 따스한 빛처럼 느껴졌다. 나는 그에게 물었다. (그 때의 내 어색한 말투는 영원히 잊지 못하리라.)

"당신의 정체는 무엇이요? 도대체 무슨 일이 일어난 거요? 성령이 당신을 천국으로 데려가 성화(聖化) 했나요? 아니면 지금 내 앞에서 시인 행세라도 하는 것입니까?"

그의 대답은 이러했다.

"아, 내 친구여, 당신 말대로 성령이 강림하여 나를 씻겨주었답니다. 위대한 사랑이 내 가슴을 순결한 제단으로 만들었습니다. 바로 여인의 힘이었습니다. 이전까지만 해도 나는 여인이란 남자들의 노리개에 불과하다고 생각했습니다. 그런데 한 여인이 나타나 나를 끔찍한 덫에서 구해 주었고, 내게 천국의 문을 열어주었답니다. 그 진실한 여인은 나를 그녀의 조국 요르단으로 데려가 세례까지 받게 해주었습니다. 자신의 자매들을 농락했던, 어리석은 나를 영광의 보좌에까지 앉혔습니다. 더구나 그녀는 자신의 친구들을 약탈했던 나를 사랑으로 정화시켜 주었습니다. 그리고 자신의 동족들을 무턱대고 노예로 만들었던 내 죄를 그녀의 아름다움으로 씻어주었습니다. 그녀는 자신의 욕망으로 에덴동산에서 첫 번째 남자를 내몰았고, 그 남자의 나약함은 그녀의 연민을 자극하여 나를 에덴으로 되돌아올 수 있게 한 것입니다."

나는 그 눈동자에 서린 눈물, 입술 위에 어리는 미소, 머리 위에 얹힌 왕관 같은 사랑의 광채를 보았다. 나는 그에게 다가가 이마에 축복의 입맞춤을 해주었다.

나는 속으로 그가 한 말을 되뇌며 작별을 고했다.

"그녀는 자신의 욕망으로 에덴동산에서 첫 번째 남자를 내몰았고, 그 남자의 나약함은 그녀의 연민을 자극하여 나를 에덴으로 되돌아올 수 있게 한 것입니다."

눈물과 미소

한 친구 이야기

환상과 진실

　인생은 우리를 이리저리 끌고 다니고, 운명은 멋대로 우리를 조종하려 든다. 우리가 가는 길에는 온돈 장애물이 깔려 있고 곳곳에서 우리를 두려움에 떨게 하는 목소리가 들려온다.
　아름다움의 여신이 우리 앞에 나타나 영광의 보좌에 앉으면 우리는 가까이 다가간다. 그리곤 그리움의 이름으로 그녀의 옷깃을 더럽히고 그 순결한 왕관을 빼앗는다.
　사랑이 점잖게 옷을 차려 입고 우리 곁을 스쳐가면, 우리는 두려워하며 어두운 동굴 속으로 숨거나 사랑의 이름으로 사악한 짓들을 저지르며 그녀를 뒤쫓는다.

　무거운 멍에를 쓴 현자(賢者)가 우리 가운데로 온다. 그 발걸음은 꽃의 숨결보다 부드럽고 레바논의 미풍보다 온화하다.
　지혜는 군중이 모인 거리 모퉁이에서 우리를 부른다. 그러나 우리는 그 부름을 하찮게 여기며 지혜를 따르는 자들을 오히려 경멸한다.
　지혜는 자신의 식탁에 푸짐한 음식을 차려놓고 우리들을 부른다. 우리는 그곳에 가서 마음껏 먹고 마신다. 곧 그 식탁은 시시껄렁한 잡담과 굴욕의 장소가 되고만다.
　자연은 아름다움에서 기쁨을 찾으라며 우정의 손길을 내밀지만, 우리는 그 고요가 무서워 도시로 도망치고 으르렁거리는 늑대 앞에서 떠는 양 떼들 마냥 정신없이 뒤엉킨다.

진실은 어린아이의 미소처럼 우리를 찾아와 사랑의 입맞춤을 보낸다. 그러나 우리는 진실을 향해 문을 닫아버리고 오히려 불결한 것을 대하듯 팽개쳐버린다.

영혼은 우리 가슴에 구원을 요청하지만 우리는 마치 돌덩이처럼 아무것도 듣지 못하고 이해하지 못한다.
어떤 이가 가슴속 절규와 영혼의 부름을 들었다고 하면, 우리는 미친 사람으로 여겨 오히려 그를 멀리한다.
그런 식으로 우리는 수많은 밤을 흘려보낸다. 그리하여 두려움 속에서 밤과 낮을 맞이한다.
대지의 신들은 우리의 형제다. 그러나 우리는 생명의 빵을 놓쳐버렸고 굶주림이 우리의 힘을 먹어치운다.
삶이란 얼마나 달콤한 것인가! 반면 우리는 삶으로부터 얼마나 멀리 있는가!

나를 비난하는 사람에게

나를 비난하는 자여, 내 고독을 방해하지 말아다오.
사랑받는 자의 아름다움에
영혼을 동여매는 그런 사랑으로,
내 그대에게 하소연하노라.
그대의 가슴과 모성의 부드러움을
하나로 읽어주는 그런 사랑으로,
어린아이의 애정으로 끌어당기는 그런 사랑으로,
내 그대에게 바라노니,
그만 나를 놓아달라.
아름다움을 위하여, 내 꿈을 위하여
나는 내일을 기다릴 것이고,
운명은 제 뜻대로 나를 심판하리라.

그대가 내게 준 충고와 조언들,
그것들은 한낱 유령과 같은 것이어서
혼돈의 거처로,
언 땅처럼 차가운 삶으로 영혼을 데려가지.

아주 작지만 내 심장은
내 가슴속 어둠에서

그것을 자유롭게 하고
그 깊이와 비밀을 탐구하며
내 손바닥 안에 그것을 간직하련다.
나를 비난하는 자여,
그대의 화살로 내 심장을 쏘지 말아다오.
두려운 일이 일어나지 않도록
비밀의 피를 쏟지 않도록
갈빗대 둥지 안에 그것을 감춰놓으라.
그리하여 신이 내린 사랑과 아름다움으로 심장이 고동칠 때,
나 또한 신의 뜻을 따르리라.

태양이 떠오르자
밤 꾀꼬리가 지저귀며
도금양의 혼이 날아오른다.
나는 잠의 덮개를 벗어 던지고
하얀 양떼와 함께 방랑하리라.
나를 비난하는 자여, 내가 숲 속 사자와
계곡의 독사들을 두려워하지 않게 해달라.
내 영혼은 공포를 알지 못하며
악마가 오기 전엔 그 어떤 위험도 눈치채지 못하노라.

나를 내버려두라, 나를 비난하는 자여.
나를 설득하려 하지도 말아다오.
사랑이 내 눈동자를 밝히고
눈물이 내 시야를 열어주었으며

나를 비난하는 사람에게

슬픔이 나에게 가슴의 언어를 깨우쳐주었노라.

사물의 노래들을 억압하지 말아다오.
양심은 나를 정의롭게 판단해 줄
재판정과 같은 것.
내게 죄가 없다면 나를 벌하지 않을 것이며,
죄인이라면 은총을 거두어가리라.

사랑은 줄지어 자신의 길을 가고
아름다움도 천상의 모습으로 길을 걷네.
젊음은 기쁨의 뿔피리를 불어대니
나를 방해하지 말아다오, 나를 비난하는 자여,
내 길을 가로막지 말라.
그 길엔 장미와 향초들이 우거지고
사향 내음이 대기를 가득 채우고 있다.

부(富)와 영광의 이야기들로부터 나를 자유롭게 해달라.
내 영혼은
신들의 영광만으로도 충분히 넉넉하고 기운차다.
허세나 지위 따위로 나를 얽매지 말아다오.
이곳에 있는 모든 땅이 다 내 영혼이며,
모든 사람이 다 내 고향사람인 것을.

나를 비난하는 사람에게

독백

내 사랑이여, 그대는 어디 있는가.
어린아이가 어머니의 젖가슴을 사랑하듯
당신은 사랑하는 꽃들에게 물을 주면서
그 작은 정원 어디에 있는가.
내 영혼과 가슴을 바친
당신의 그 순결한 제단에 있는가.
어쩌면 당신은 신들의 지혜를 거두어 모아둔
책들 사이에 있는지도 모른다.
그토록 지혜가 풍부한 당신이기에.

내 영혼의 동반자여, 그대는 어디 있는가.
그 어느 성소에서 나를 위하여 기도하고 있는가.
자연을 노래하며 초원에 머물러 있는가,
당신의 경이와 꿈의 안식처인 그곳에.
혹은 불행에 빠진 이들의 집에 있는가.
그대의 부드러움으로
조각난 심장들을 감싸며
자비의 손길로 그들을 어루만져 주는가.
그대는 신의 영혼을 갖고 있기에 모든 곳에 존재하고
그대는 시간보다 크고 강하기에

모든 시간 속에 존재한다.

우리가 하나됐던 밤을 기억하는가,
그대 영혼의 빛이 후광처럼 우리 머리 위에 비치던 밤을.
그대, 만물의 영혼을 찬양하며
하늘을 떠다니던 사랑의 천사들을 기억하는가

갈비뼈가 성스러운 심장의 비밀을 감추듯,
사람들의 눈에서 우리를 숨겨주고
시원한 그늘을 드리워주던 나뭇가지 아래
앉아 있던 나날을 기억하는가.
우리가 서로의 안식처가 되어
서로에게 머리를 기댄 채
손 잡고 걸었던
그 오솔길과 비탈길들을 기억하는가.

내가 그대에게 작별을 고하러 갔던 순간을 기억하는가.
그대는 나를 안고 성모의 입맞춤을 해주었지.
그대 입술이 닿는 곳에서
혀가 알지 못하는 성스러운 비밀이 터져나오는 것을
나는 들었노라.

한숨의 전주곡 같은 그대 입맞춤은
전지전능한 분이 진흙 속에 불어넣어
인간을 만든
그러한 숨결이었다.

독백

그 한숨은 하나된 우리 영혼의 영광을 널리 알리며
피안의 세계를 향해 앞장서 갔노라.
그리고 우리와 닿아 하나 될 때까지 한숨은
영원히 사라지지 않으리라.

그대는 다시 한 번 입맞추며 나를 껴안았다.
그리고 눈물 흘리며 말했지.
"지상의 모든 육신은 알 수 없는 욕망의 덩어리.
때로는 세속적인 목적 때문에 헤어지기도 합니다.
하지만 모든 영혼은
죽음이 그를 신에게 인도할 때까지
아늑한 사랑의 손 안에 있는 것입니다.
그러니 가세요, 내 사랑,
삶이 그대를 자신의 대표로 보내는 것이니.
가세요, 삶의 뜻에 복종하세요.
운명의 여신은 자기를 따르는 사람들에겐
환희로 가득 찬 천국의 강물을 준답니다.
당신의 사랑은 내게 우울한 기다림과
당신에 대한 기억, 영원한 결혼을 주었습니다."

친구여, 그대는 지금 어디 있는가.
고요한 한밤중에 잠에서 깨어
내 심장의 고동소리와 가슴속 깊은 생각들을
그대에게 실어다 줄 바람을 기다리는가.
혹은 그대 젊은 시절 사랑의 초상을 보고 있는가.
그 그림은 더 이상 예전의 모습이 아니리라.

슬픔은 이미 어제 당신의 현존을 그토록 반기던 그 얼굴 위에 자신의 그림자를 던져버렸다.
눈물은 당신의 빛나던
눈동자를 시들게 하고
비탄은 사랑의 입맞춤으로 촉촉했던 입술을 메마르게 했노라.

사랑이여, 그대는 어디 있는가.
바다 저편에서 나의 절규를 듣고 슬퍼하고 있는가.
나약하고 치욕적인 내 모습을 보라.
그대는 인내하는 내 모습을 보고 있는가.
우주에는 죽어가는 자의 마지막 숨을 지탱해줄 영혼들이 없단 말인가.
영혼들 사이엔
병든 애인의 탄식을 끌어낼
숨겨진 밧줄도 없단 말인가

어디 있는가, 사랑하는 사람이여.
어둠은 나를 감싸고, 슬픔은 승리자가 되었노라.
공중을 향해 미소를 날려다오, 그러면 나는 생기를 되찾게 되리니.
그대의 숨결을 하늘로 뿜어다오, 그러면 나는 살 수 있으리니.
어디에 있는가, 사랑하는 이여, 어디에……
오, 사랑은 얼마나 강한가.
사랑 앞에서 나는 얼마나 작아지는가!

독백

만남

밤하늘이 보석 같은 별빛으로 단장을 끝마쳤을 때 나일강의 계곡에서 투명한 날개 달린 요정이 찾아왔다. 그녀는 은빛으로 물든 지중해 위에 높이 떠 있는 구름의 왕좌에 앉았다. 하늘나라 영혼들이 "성스럽도다. 성스럽도다. 영광의 땅 이집트의 딸이여." 무리 지어 찬양하며 그 앞을 지나갔다.

그러자 삼나무숲 속 물기둥 입구에서 천사들의 보살핌을 받으며 태어난 한 젊은이가 나타나더니 요정의 옆자리에 앉았다. 영혼들의 무리가 다시 그들 앞을 지나며 찬양의 노래를 불렀다. "성스럽도다. 성스럽도다, 영광의 시대, 레바논의 젊은이여."

연인은 서로의 손을 잡고 눈동자를 들여다보았다. 그러자 바람과 파도가 땅 위의 모든 곳에서 한데 합쳐졌다.

오, 아이시스의 딸이여, 그대의 영광은 완벽합니다. 그대를 향한 나의 사랑은 얼마나 위대한지요!

오, 이슈타르의 아들이여, 당신은 모든 젊은이들 중에서 가장 사랑스럽습니다. 그대를 향한 나의 그리움은 얼마나 큰지요!

내 사랑은 당신 나라의 피라미드와 같습니다. 내 사랑, 세월도 그것을 파괴하지는 못할 것입니다.

내 사랑은 당신 나라의 삼나무와 같습니다. 사랑하는 사람이여, 어떤 자연의 힘도 그것을 쓰러뜨리지 못할 것입니다.

그대 지혜로움을 음미하고 그 비밀을 알아내기 위해 사방에서 현자들이 오고 있습니다. 또한 그대가 빚은 아름다움의 술을 마시고 그 신비를 깨닫기 위해 먼 나라에서 위대한 인물들이 오고 있습니다.

사랑하는 이여, 진실로 그대의 손바닥은 풍요의 보고입니다.

사랑하는 이여, 진실로 그대의 두 팔은 감미로운 수원입니다. 신선한 미풍조차 그대의 숨결로 말미암은 것입니다.

나일강의 궁전과 사원들이 그대의 영광을 선언하고, 저 무시무시한 공포의 아버지 스핑크스도 그대의 위대함을 증거하고 있습니다, 내 사랑이여. 삼나무들은 그대 가슴의 고귀한 표적이며 주변의 탑들은 그대의 용맹을 찬미하고 있답니다, 내 사랑이여.

그대의 사랑은 얼마나 크고 훌륭하며 그대의 찬미를 갈구하는 마음은 얼마나 감미로운지요, 사랑이여!

그대는 얼마나 너그러운 동반자이며 만족스러운 배우자인지요! 그대의 선물은 또 얼마나 멋지고 귀한지요! 그대가 내게 보낸 젊은이들은 마치 깊은 잠에서 깨우는 각성제 같았습니다. 그대는 내 민족의 연약함을 떨쳐내고자 용맹스런 사람을 보냈고 그들을 교육시키기 위해 현자를 보냈으며, 영혼을 단련시키기 위해 고결한 사람을 보내주었습니다.

이제 그대에게 씨앗을 보내니 꽃을 피워 주소서. 어린 새싹들을 보내니 튼실한 나무로 키워주소서. 그대야말로 장미와 백합에게 생명을 주고 삼나무를 키워내는 처녀지(處女地)이기 때문입니다……

만남

삶의 놀이터

아름다움과 사랑에 바쳐진 하루는 신음하는 약자들을 딛고 선 강자들의 백년보다 귀중하다.

그 하루에 진실은 인간을 찾고, 그 백년간 진실은 불안하고 어지러운 꿈 속에서 잠이 든다.

아름다움과 사랑을 꿈꾸며 움직이는 그 하루에 우리의 영혼은 인간의 법률로부터 자유롭게 되며, 약자들을 억압하는 강자들의 화려함으로 가득 찬 그 세기에 우리의 영혼은 멸시의 벽에 갇혀 압제의 사슬에 짓눌리게 된다.

아름다움과 사랑의 그 하루는 솔로몬의 노래나 산상수훈, 혹은 앨프레드 서정시의 요람과도 같다. 그러나 강자들의 한 세기는 바알베크의 사원들과 팔미라의 궁전, 바빌론의 탑을 파괴했던 맹목적인 힘이 존재하는 세계이다.

가난한 사람들의 도둑맞은 권리를 애도하며 영혼이 보낸 하루는 탐욕과 강탈의 한 세기보다 고귀하다.

그런 영혼의 하루는 마음을 불로 정화하고 빛으로 가득 채워주지만 부자들의 그런 백년은 검은 날개로 마음을 봉합하여 땅 속 깊이 매장시켜버린다.

영혼의 하루는 사나이의 날이며 갈보리의 날이며 대탈주의 날이다. 그러나 쾌락의 시대는 네로가 죄악의 장터를 지나가고, 코라가 탐욕의 재판대 위에 영혼을 세우고, 또한 돈 주앙이 육체적 욕망의 무덤 속에 영혼을 묻었던 날들과 같다.

 이것이 생이다. 수십 년간 무대에서 상연되며 수세기간 지상에 기록되는, 기나긴 낯선 세월 속에서 여러 날 이어지는 찬미의 노래. 고양의 순간은 찰나—하지만 영원은 그 찰나를 보석처럼 보듬어 안는다.

시인

그는 이승과 내세를 이어주는
하나의 고리.
갈증을 몰아내는 향기로운 연못.
아름다움의 강가에
심어진 나무 한 그루.
굶주린 영혼들이 갈망하는 잘 익은 과실이 열린 나무.

그는 언어의 가지를 타고 앉아
희망을 노래하는 한 마리 새.
그 노래로 부드러움과 감미로움을 만물에
가득 채워주는 새.
수평선 위로 나타나
온 하늘을 채우도록
피어오르는 흰 구름.
그러고는 인생의 들판
굽이굽이에 내려앉아
꽃잎을 열어 빛의 길을 내준다.

그는 신의 가르침을 인간에게 전하기 위해
지상에 내려온 하늘의 천사.

이슈타르가 기름을 채웠고
아폴로가 불을 붙여준, 어둠 속에서도 꺼지지 않는 환한 등불.

홀로,
그는 단순함의 옷을 입고
마음속으로 부드러움을 품고 있다.
대자연의 무릎에 앉아
영혼의 강림을 기다리며
밤의 고요함 속에 깨어 있다.
그는 감정의 정원에 씨앗을 뿌리는 농사꾼.
그곳에서 씨앗들은
심장의 양식으로 자란다.

시인이란 당대에는 주목받지 못하는 존재,
하늘의 거처로 되돌아가고 나서야
이 세상에 안녕을 고하고 알려지는 존재.

세상 사람들에게 오로지 작은 미소만을 기대하는 사람이 시인이다.
시인의 영혼은
높이 비상하여 아름다운 언어로
창공을 가득 채우지만
사람들은 그의 광채에 눈을 닫는구나.

인간들이여, 언제쯤이면

피와 흙을 빚어내는 시인들을 위해
명예의 집을 지어줄 것이며
존재여, 언제까지
평화와 안식을 주는 시인들을 모르는 체할 것인가?
언제까지 당신들은
살인과 압제의 권력을 휘두르며 고개를 조아리라 하는
저들을 찬양할 것인가?
밤의 암흑 속에서도 눈빛을 빛내며
그대들에게 대낮의 찬란함을 보여주려고 하는
시인들을 잊어버릴 것인가?
그들의 생애는 불행 속으로 지나가고
그 행복과 기쁨은 그대 곁에 머물지 않는데.

시인이여,
삶 중의 삶이여.
그대들은 그 쓰라림을 넘어
세월을 이겨내고
미망의 가시덤불에서
월계관을 얻었도다.
시인이여, 그대의 가시면류관을 들여다보라.
그 월계관 아래 움터오르는
꽃봉오리가 감추어져 있을지니.

눈물과 미소

시인

아기 예수

어제 나는 이 세상에 홀로 버려진 몸이었습니다. 오, 사랑하는 이여, 외로움은 내게 죽음처럼 무자비한 고통을 안겨주었지요. 나는 어두운 바위 그림자 속에 자라나는 한송이 꽃처럼 고독했지만 삶은 내 존재를 외면해버렸습니다. 그리하여 나 또한 삶을 거들떠 보지도 않았지요.

오늘 나의 영혼은 깨어나서 바로 옆에 있는 당신을 바라보았습니다. 내 영혼은 환한 표정으로, 타오르는 숲을 바라보는 목동마냥 당신 앞에 엎드렸습니다.

어제는 공기의 감촉이 무척 차갑고 햇빛도 약했지요. 안개가 땅의 얼굴을 가렸고 파도는 울부짖었습니다.

그래서 나는 고통에 잠긴 나 자신밖에는 볼 수가 없었지요. 바로 그 순간 마치 굶주린 까마귀떼처럼 어둠의 그림자가 내 주위로 치솟다가 떨어져내렸습니다.

오늘 공기는 투명하고 온누리 가득 햇살이 내리쬐고 구름 걷힌 하늘 아래에는 잔잔한 파도가 일었습니다. 나는 어디에서나 당신을 볼 수 있고, 마치 고요한 호숫가에서 얼굴을 씻는 새 주변에 이는 물보라처럼, 삶의 비밀이 당신 주변에서 빛나고 있음을 봅니다.

어젯밤 나는 마음속에 깃든 소리 없는 말이었으나 오늘 나는 환희에 찬 노래가 되었습니다. 하지만 이것은 한 번의 눈짓, 한마디 말, 한 번의 한숨, 한 번의 입맞춤을 통해 한순간에 지나가버립니다.

그러한 순간에 내 영혼의 오랜 과거는 미래와 하나가 됩니다. 사랑이여, 그것은 마치 어두운 땅 속에서 한낮의 햇빛 속으로 피어오르는 한송이 백장미처럼 귀하고 아름다운 순간, 예수 탄생의 순간과도 같은 것이었습니다. 내 영혼에 순수와 사랑이 가득했던 순간이기 때문입니다. 끝모를 어둠을 빛으로, 절망을 행운으로 바꾸어 주었으니까요.

사랑의 불꽃은 다양한 모습으로 하늘에서 내려오지만 땅 위에 찍히는 표식은 단 하나뿐입니다.

한 인간의 가슴을 밝혀주는 작은 불꽃은 민족의 어둠을 밝혀 주려 하늘에서 내려온 위대한 불꽃과도 같은 것입니다. 한 영혼에 깃든 욕망과 감정은 온 인류의 영혼 속에 깃든 것과 조금도 다르지 않기 때문입니다.

내 사랑이여, 유다의 자손들은 이민족의 속박에서 해방시켜 줄 전능하신 분의 강림을 기다려왔습니다. 그들은 주피터와 미네르바를 숭배하는 그리스에서는 어떠한 가치도 발견하지 못했고, 어떠한 만족도 얻지 못했습니다.

로마에서는 숭고한 사상으로 받아들여진 아폴로의 신성함은 인간적인 감정과 너무도 동떨어진 느낌이었고, 시공을 초월한 비너스의 아름다움조차 낡은 세대의 것이었지요.

그들은 물질 세계를 초월하는 사건들 속에서 영적 가르침에 대한 까닭모를 갈망을 느꼈습니다. 이웃과 더불어 태양의 빛과 삶의 아름다움을 즐기라 말하는 육신의 자유가 아닌 다른 식의 자유를 원했던 것입니다.

아기 예수

진정한 자유란 공포나 전율 없이 보이지 않는 힘으로 인간을 이끌어주는 것이기 때문이지요.

이 모든 것은 무려 2천 년 전에 있었던 일들입니다. 인간의 마음속에 담긴 열망이 눈에 보이는 물질들 사이에서 갈팡질팡하고, 우주적 영혼인 불멸의 존재 가까이 다가가기를 두려워하던 시절에 일어난 사건인 것입니다.

숲의 신 판이 목동의 영혼에 두려움을 안겨주고, 태양의 신 바알이 사제들을 충동질하여 미천한 사람들의 영혼을 짓밟던 때의 일이지요.

어느 날 밤, 단 한 시간 만에, 아니 단 한 순간에 모든 것을 뒤엎는 사건이 벌어졌습니다.

그 힘은 모든 시대를 단번에 압도할 만큼 강력했기 때문이지요. 성령의 입술이 열리고 성령과 더불어 시작되는 삶의 언어가 입술에서 흘러나왔습니다.

삶의 언어는 별빛, 달빛과 더불어 한 여인의 팔에 안긴 어린아이의 형상으로 강림하였습니다. 양치기들이 양떼들을 밤의 위험으로부터 보호하기 위해 마련한 아주 작은 마구간 안에서였지요.

구유의 마른 건초 위에서 한 아기가 잠들어 있었습니다.

견딜 수 없는 속박의 무게로 마음이 답답해진 군주는 자신의 보좌에 앉아 있었지요. 그의 영혼은 성령에 굶주려 있었고 머리는 지혜를 갈구하고 있었지요.

어머니의 옷에 감싸여 있던 한 어린아이가 주피터의 손아귀에서 슬며시 왕권을 가져와 양떼들과 함께 땅 위에서 쉬고 있는 가난한 목자에게 전해주었습니다.

미네르바에게서 지혜를 빼앗아 배를 타고 있던 비천한 어부의 입술에 옮겨다 놓은 것도 바로 그 아기였습니다.

그는 문 앞에서 애걸하며 서 있는 상처받은 영혼들에게 자신의 슬픔으로 건져 올린 아폴로의 기쁨을 선사하였습니다. 그는 타락한 여인들의 영혼 속에 자신의 아름다움으로 빼앗은 비너스의 아름다움을 심어주었습니다.

권력의 자리에서 바알을 끌어내리고, 땀 흘리며 들판에 씨 뿌리는 가난한 농부들을 그 자리에 앉힌 것도 그 아기였습니다.

사랑하는 이여, 지난날 이스라엘 민족이 겪었던 고통이 바로 나의 고통이 아니겠습니까?

밤의 고요 속에서, 나날의 속박에서 나를 해방시켜줄 구세주의 강림을 기다려왔음을 아시나요?

극심한 영혼의 허기에 시달리는 옛 동포들의 아픔이 나의 고통이 아니겠습니까?

나는 낯선 거리에서 길 잃은 어린아이처럼 삶의 행로에서 방황하지 않았던가요? 바위에 뿌려진 씨앗처럼 새떼들이 쪼을 수도 없고 어떤 폭풍우에도 파괴되지 않으며 생명을 꽃피울 수도 없는, 내 영혼은 그런 것이 아니었던가요?

이 모든 것은 내 꿈이 어두운 길목을 헤매며 빛 가까이 가는 것을 두려워했을 때의 일입니다.

그러던 어느 날 밤 단 한 시간, 아니 한순간에 내 과거의 흔적들은 모조리 사라져 버렸습니다. 그 순간이 내 전 생애의 시간들보다도 아름다웠던 까닭입니다. 빛의 소용돌이를 이루

아기 예수

며 성령이 강림하시어 내 눈을 응시하면서 당신의 언어를 들려주셨습니다. 바로 그 응시와 그 언어로부터 사랑은 싹터, 내 부서진 마음의 안식처가 되어 주었습니다.

　전능하고 아름다운 사랑이 내 가슴속 구유에 깃들고 자비의 옷으로 나를 감쌌습니다.

　그 누워 있는 아기가 영혼의 가슴속에 나의 슬픔을 기쁨으로, 불행을 영광으로, 외로움을 즐거움으로 바꿔주었습니다.

　높은 보좌에 자리한 왕께서 고귀한 음성으로 내 죽은 시간들에게 생명의 본질을 허락하고 눈물 흘리는 눈동자를 어루만져 빛을 주었습니다. 그의 오른손은 절망의 구렁텅이에서 건져 올린 희망을 움켜쥐고 있었습니다.

　사랑하는 이여, 긴 밤이 지나고 이제 새벽이 가까워졌습니다. 곧 낮이 올 것입니다. 아기 예수의 숨결이 하늘을 가득 채웁니다.

　내 인생은 비통한 고뇌의 연속이었지만 이제는 환희로 물들고 있습니다. 이제 나의 삶은 축복으로 바뀌었습니다. 아기 예수의 두 팔이 내 심장을 감싸고 내 영혼을 껴안았기 때문입니다.

아기 예수

영혼의 결합

깨어나라, 내 사랑이여, 깨어나라!
내 영혼은 분노하는 바다 너머에서 그대를 부르고 있다.
내 영혼은 포효하는 성난 파도 위에서 날개를 활짝 펴고 있다.

깨어나라, 모든 것이 고요하다.
말발굽 소리와 행인들의 움직임도
잠잠해졌다.
잠이 사람들의 영혼을 감싸
이제 나만 홀로 깨어 있다.
잠이 나를 삼켜버리려 할 때 그리움이 나를 붙잡았기 때문이다.
환상의 세계가 나를 유혹하려 할 때
사랑이 나를 그대 가까이로 이끌었기 때문이다.

나는 의자에서 벌떡 일어났다, 사랑이여.
이불 속에 숨어 있는 안락의 그림자가 두렵기 때문이다.
읽던 책도 던져버렸다.
내 한숨이 책 속의 문장들을 지워버려
책장마저 텅 비어버릴까 두려웠기 때문이다.

사랑하는 이여, 깨어나라, 깨어나서 내 이야기를 들어다오.

이제 나를 바라보라, 사랑이여,
나는 바다 건너 그대의 음성을 들었고
그대의 날갯짓을 느꼈다.
침대에서 일어나 풀밭을 거닐 때
밤이슬이 내 발과 옷자락을 적셨다.
편도나무 꽃그늘 아래 서서
그대의 부름에 화답하고 있는 나를 바라보라.

말해다오, 사랑하는 이여,
레바논의 골짜기에서 나를 향해 불어오는 바람에
그대의 숨결을 얹으라.
시작하라, 나 말고는 아무도 그대 이야기를 듣는 이 없으니.
밤은 삼라만상을 잠들게 하고
도시에 사는 사람들은 모두 깊은 잠에 빠져 있다.
지금은 나만 홀로 깨어 있다.

하늘은 달빛 너울 위에
레바논의 영상을 새겨놓았다.
밤의 외투를 두르고
공장의 연기와 죽음의 입김으로 그 선을 그렸다.
마지막으로 도시의 뼈다귀들을 옷깃 속에 감췄다.
마을 사람들은 호두나무 숲 속에 있는
오두막에서 잠들었으며

영혼의 결합

영혼은 꿈의 나라를 향해 서둘러 가고 있다. 내 사랑이여.

사람들은 황금의 무게로 등이 굽었고
탐욕으로 무릎이 허약해졌다.
결국엔 번민과 초조로 무거워진 눈을 감고
침대 위로 몸을 던져버렸다.
그들의 가슴은 불행과 절망의 망령들로 신음하고 있다.

과거의 유령들이 골짜기를 배회하고
하늘에는 왕과 예언자들의 혼령이 떠돈다.
생각은 내 기억의 장소들을 더듬어
칼데아의 권능과 아시리아의 자만심,
아라비아의 고귀함을 내게 보여주었다.

좁은 길 위엔 도적떼의 어두운 그림자가 도사리고 있고
갈라진 벽 틈으로는 색정의 화신인 독사가
대가리를 치켜들고 있다.
길모퉁이엔 병든 자의 숨결이
죽음의 고통과 뒤섞여 있다.
기억은 망각의 커튼을 찢고
소돔과 고모라의 그 혐오스런 광경을
내게 보여준다.

나뭇가지들이 흔들릴 때마다, 사랑이여,
사각사각 부딪는 잎사귀들의 소리가
깊은 산골 개울물의 웅얼거림과 뒤섞여

눈물과 미소

솔로몬의 노래, 다윗의 수금 가락,
아라비아의 선율이 함께 들려오는 듯하다.
집안에 있는 아이들의 영혼은 전율하고
온몸은 굶주림에 물어뜯긴다.
불행한 어머니들은 근심에 잠겨
침대 위에 누워 있고
게으른 사람들은
필요한 것에 대해 꿈꾸다 겁에 질린다.
울음과 절규로 육신을 가득 채우는
깊은 탄식과 쓰라린 한숨소리를 나는 듣는다.

백합과 수선화의 향기가 피어올라
재스민의 향내와 만나고
삼나무의 감미로운 숨결과 입맞추며
꼬불꼬불한 언덕 너머로 산들바람을 타고 간다.
사랑으로 영혼을 가득 채우며
공중으로 비상하고 싶은 꿈을
그리움으로 인내하면서.

좁은 골목길의 추악한 악취는
질병과 뒤섞여
숨겨진 화살처럼 은밀하게 감각을 상처 입히고
신선한 대기를 독으로 물들인다.

사랑하는 이여, 아침이 밝아온다.
잠에 취한 사람들의 눈동자를

영혼의 결합

따사로운 손길로 어루만지며
보랏빛 햇살이 언덕 위로 솟아올라
찬란한 삶의 기운을 덮고 있던
밤의 휘장을 열어젖힌다.
골짜기에 몸을 기대고
아늑한 정적에 싸여 있던 마을들도 깨어난다.
교회 종소리가 찬미가를 울리며
기도의 시간이 다가왔다고
경쾌한 울림으로 허공을 가득 채운다.
종소리는 동굴의 메아리로 되돌아온다.
흡사 모든 존재가 대자연의 기도 속에 서 있는 것 같다.

외양간에서 송아지들이 나오고
양들과 염소들도 우리를 나선다.
모두 초원으로 달려나가
반짝이는 이슬방울에 듬뿍 젖은 풀을 뜯는다.
목동들은 피리를 불며 앞서 가고
그 뒤에선 처녀들이 새들과 함께
아침이 오는 것을 반기고 있다.

사랑하는 이여, 이제 아침이다.
오밀조밀 늘어선 지붕 위로
하루의 무거운 손길이 얹힌다.
유리창의 커튼이 젖혀지고
모든 문이 활짝 열린다.

눈물과 미소

지친 눈망울에는 고뇌에 찬 표정이 떠오르고
절망에 잠긴 영혼들은 일터로 향한다.
저마다의 몸에는 삶의 무게만큼의 졸음이 깃들어 있고
핍박받은 얼굴에는 공포와 비참의 그림자가 서려 있다.

탐욕스러운 영혼들이 저마다 바삐 움직일 때
혼잡으로 신음하는 거리를 보라.
대기는 철컥이는 쇠붙이 소리와 바퀴 구르는 소리,
증기기관차의 기적소리로 가득하다.
그리하여 도시는 강자와 약자가 싸우고
부자가 빈자의 노동을 착취하는 아수라장이 되었다.

사랑하는 이여, 삶이란 그 얼마나 아름다운가!
마치 시인의 가슴처럼
빛과 영혼으로 가득 차 있으니.
사랑하는 이여, 삶이란 그 얼마나 잔혹한가!
마치 악인의 가슴처럼
죄악과 공포로 가득 차 있으니.

영혼의 결합

바람이여

어느 땐 기쁨의 노래를 부르고, 또 어느 땐 탄식의 눈물을 쏟는 그대여.

우리는 그대 음성을 들을 수는 있어도 보지는 못한다. 또한 그대 존재를 느낄 수는 있어도 보지는 못한다.

그대는 바다와 같은 사랑으로 우리의 영혼을 적셔주지만 우리를 익사시키지는 않는다. 그대는 고요 속에서 우리의 심장을 뛰놀게 한다.

그대는 높은 곳으로 힘차게 불어 올랐다가 우아하게 골짜기에 내려앉으며 들판과 초원으로 퍼진다.

그대는 약한 자와 비천한 자들을 정의롭게 다스리는 자비로운 지배자 같아서, 강자와 힘센 자들 앞에서는 거칠어지기도 한다.

가을날 그대는 골짜기에서 한숨짓고 나무들도 그대와 더불어 탄식한다.

겨울날 그대는 성말라지고 삼라만상도 그대와 함께 포효한다.

봄날 그대는 병들고 약해져 들판이 그 틈을 비집고 긴 겨울잠에서 깨어난다.

여름날 그대는 고요함의 수의를 걸치고 우리는 태양의 열기 속에 매장된 그대가 죽은 것이라 오해한다.

바람이여

가을날 그대는 진정 한숨지은 것인가, 아니면 발가벗은 나무들의 부끄럼을 비웃는 것인가?

겨울날 그대는 진정 화내는 것인가, 아니면 눈 덮인 밤의 묘지를 떠돌며 춤을 추는 것인가?

봄날 그대는 진정 병든 것인가, 멍하니 병든 사랑에 빠진 것인가, 아니면 이 어린 계절, 사랑에 빠진 자의 뺨에 한숨 같은 숨결을 불어넣어 그를 잠에서 깨우려는 것인가?

여름날 그대는 진정 죽은 것인가. 아니면 과일들의 심장 속이나 포도넝쿨, 타작마당 주변에서 잠시 잠든 것인가?

그대는 대도시의 거리에서 질병을 실어 오고 높은 곳에서 꽃의 영혼을 묻혀 온다.

그리하여 위대한 영혼들은 침묵 속에서 삶의 고뇌를 퍼뜨린다. 우리는 침묵 속에서 기쁨과 만나리라.

그대는 장미꽃의 귀에 놀라운 비밀들을 속삭여준다. 때로 그녀는 그대의 속삭임을 이해하고 고통스럽게 몸을 뒤틀고 때로는 미소로 화답한다. 신들도 그와 같은 방법으로 인간의 영혼에 진리를 실어 나르는 것이다.

때로 그대는 이쪽을 돌아보며 머뭇거리고 어느 땐 다른 곳으로 떠나기 위해 몹시 서두른다. 그대는 늘 어딘가로 달려가지만 한자리에 머무르지는 않는다. 마찬가지로 인간의 생각 또한 움직임 속에서 살다가 휴식 속에서 죽는다.

그대는 물의 얼굴 위에 시를 쓰고 곧바로 지운다.

노래하는 시인들도 마찬가지다.

그대는 남쪽에서 사랑처럼 뜨겁게 오고

그대는 북쪽에서 죽음처럼 차갑게 온다.

눈물과 미소

그대는 동쪽에서 영혼의 애무처럼 부드럽게 다가오고

그대는 서쪽에서 증오심에 불타는 사람처럼 난폭하게 밀어닥친다.

그대는 노인처럼 변덕을 부리는 것인가, 아니면 인간의 숭배자가 되려 하는 것인가?

그대는 분노에 차 사막을 가로지르고 대상(隊商)들을 짓밟아 모래 무덤 속에 매장시켜버린다.

그대는 밝아오는 새벽, 나뭇잎 사이로 쏟아져내리는 빛의 홍수를 감추고 있는가?

그대는 꽃들이 그대의 사랑에 몸을 기울이고 초목들이 황홀하게 흔들리는 골짜기 너머를 꿈꾸는 것인가?

그대는 종종 바다에 내려 앉아 그 심연의 평화를 휘젓고 다닌다. 그러면 바다는 분노에 차 솟구쳐오르며 그 큰 아가리로 배와 인간들을 삼켜버린다.

그렇다면 골목에서 아이들과 뛰어놀던 그 온화한 친구는 그대가 아니었던가?

그대는 우리의 영혼 속 한숨들을 어디로 데려가는 것인가? 우리의 미소들을 어디로 싣고 가는가? 무엇 때문에 우리 마음속에서 타오르는 햇불들을 실어가는 것인가?

황혼 너머, 이승의 어딘가로 그것들을 데려가는 것인가? 아니면 그 햇불들이 사그라질 때까지 저 아득한 동굴 속으로 제물처럼 끌고 들어가는 것인가?

밤의 고요함 속에서 우리의 영혼은 그 비밀들을 찾아내고 동틀 무렵이면 눈꺼풀을 깜박이며 그 모두를 희미하게 기억해낸다.

바람이여

그대는 우리 영혼이 느끼는 것과 눈동자에 비친, 그 모두를 기억하고 있는가?

그대의 날개 사이에는 가난한 자들의 겁먹은 외침과 고아들의 울부짖음, 고통받는 여인들의 탄식만이 가득하다.
그대의 옷주름 속에 이방인은 그리움을, 버림받은 사람은 슬픔을, 타락한 여인은 영혼의 울부짖음을 의탁한다.
그대는 이 남루한 사람들의 신뢰를 저버리지 않는 자인가?
그대는 그들의 외침과 아우성과 흐느낌을 듣고 있는가? 아니면 인간 무리의 권력자처럼 자비를 구하며 하늘을 우러러는 손들을 외면하고 그 피맺힌 절규를 무심히 흘려듣고 있는가?

바람이여

연인의 귀향

어둠이 내리자 적들은 도망치기 시작했다. 적들 대부분이 목숨을 잃었고 남은 자들은 칼에 찔리거나 창에 맞아 만신창이가 되어 있었다. 승리자들은 영광의 깃발을 높이 들고 돌아왔다. 말굽 소리와 함께 승리를 찬미하는 노래가 쇠망치로 골짜기의 바위들을 두들기듯 우렁차게 울려 퍼졌다.

병사들은 좁고 긴 협곡 아래를 내려다보았다. 강물에 비친 달 그림자가 눈부셨다. 거대하게 치솟은 바위들은 군중의 사기만큼 드높았고, 삼나무숲은 옛 시대가 레바논의 가슴에 달아주었던 영예의 훈장처럼 찬연했다.

병사들과 군중의 행진은 한동안 계속되었다. 그들의 무기는 달빛을 받아 날카롭게 번쩍였으며 승리의 함성은 좀처럼 그칠 줄 몰랐다. 오르막길의 초입에 이르렀을 때 어디선가 기묘한 말 울음소리가 들려왔다. 말 한 마리가 마치 바위들이 자기를 상처 입히기라도 하는 것처럼 회색빛 바위 틈에 서 있었다. 말이 우는 이유를 알아보기 위해 가까이 다가갔던 사람들은 피와 흙으로 범벅이 되어 쓰러져 있는 시신을 발견했다. 지휘관이 명령했다.

"시신의 칼을 가져오라. 칼을 보면 그 주인을 알 수 있을 것이다."

몇 명의 병사들이 말에서 내려 시신 주위를 둘러보았다. 잠시 후 병사 하나가 외쳤다.

"칼자루를 너무 세게 움켜쥐고 있어서 칼을 빼낼 수가 없습니다."

다른 병사가 말을 이었다.

"칼도 피범벅이 되어 어떤 금속으로 만들었는지 알아볼 수가 없습니다."

세 번째 병사도 한마디 거들었다.

"손과 칼자루에는 온통 피가 엉겨붙어 있고, 칼날은 팔에 딱 붙어서 한 덩어리가 되어버렸습니다."

그 말을 들은 지휘관이 말에서 내려 죽은 남자 곁으로 다가갔다.

"머리를 들어올려 달빛에 얼굴을 비춰보아라."

병사들은 서둘러 명령에 따랐고 곧 죽은 병사의 얼굴이 달빛에 고스란히 드러났다. 비록 죽음의 너울을 쓰고 있었지만 그 모습은 몹시 당당하여 대담한 용기와 인내가 느껴졌다. 남자다움의 표상 같은 그 병사의 얼굴에는 보일 듯 말 듯한 미소가 서려 있었다. 그것은 용기 있게 적과 맞서 싸우다 죽음을 맞이한 영웅의 미소였다. 그는 그날 전쟁터에서 용맹하게 싸웠으나, 자기 동료들과 함께 승리의 노래를 부르지 못한 채 전사한 레바논의 영웅이었다.

병사들이 그의 투구를 벗기고 창백한 얼굴에서 전쟁의 흔적을 말끔히 닦아 내자 지휘관의 입에서 신음소리가 흘러나왔다.

"알 사비의 아들이로군. 아, 안타깝도다!"

병사들은 그의 이름을 따라 부르며 한숨지었다. 승리의 술에 취해 한껏 부풀었던 그들도 이 한 사람의 영웅을 잃어버린 것이 승리의 영광보다 더 큰 손실임을 느낄 수 있었다. 그리하여 그들 모두 침울한 분위기에 휩싸였다.

대부분의 병사들은 한동안 석상처럼 굳은 자세로 마른침을 삼켰다. 죽음의 얼굴에 나타난 고귀한 넋이 그들의 혀를 얼어붙게 만든 것이었다. 여인들 사이에서는 흐느끼며 탄식하는 소리가 흘러나왔다. 어린애들은 몸부림치며 울었다. 칼을 든 병사들은 침묵과 충격 속에 우두커니 서 있었다. 침묵이 마치 먹이를 찾아낸 독수리의 발톱처럼 저들의 영혼을 강인한 힘으로 움켜쥐고 있었다. 침묵은 흐느낌과 탄식소리를 압도했고 그들에게 닥친 불운은 그 숭고함 속에서 더욱 장엄하고 무시무시한 것이 되었다.

침묵은 거대한 폭풍우 같은 위력을 갖고 있었다. 저 견고한 산봉우리부터 깊은 골짜기까지 소리 없는 메아리로 울려 퍼지고 있었다. 그 어떤 울림도 침묵보다 강하지 않았다.

그들은 죽음의 손이 어디에 놓여 있는지 확인하기 위해 죽은 젊은이의 옷깃을 열어젖혔다. 젊은이의 가슴 위에는 마치 거품을 물고 있는 입처럼 칼자국이 벌어져 있었다. 어쩌면 그것은 야망에 불타는 사나이들의 밤을 조용히 말해주고 있는 듯했다. 지휘관은 무릎을 꿇고 시신을 자세히 살펴보던 중 팔에 황금빛 실로 수놓은 손수건이 묶여 있는 것을 보았다. 그는 그 손수건을 바라보며 골똘히 생각에 잠겼다. 금실이 수놓아진 그 비단 손수건의 주인을 알고 있었기 때문이다. 잠시 후 그는 일그러진 표정을 애써 감추며 떨리는 손길로 손수건을 옷자락 속에 숨기고 다시 옷깃을 여며주었다. 용감하게 적군의 목을 베던 바로 그 손이 지금은 형편없이 떨리며 눈물을 닦고 있었다. 전쟁터에서 용감하게 싸우다 죽은 한 젊은이의 팔에 묶여진 그 손수건은 그가 사랑하는 여인이 만든 것이 분명했다. 지휘관은 손수건의 감촉만으로도 모든 걸 알 수 있었다. 이제 그는 죽었고 동료들의 어깨 위에 실려 그녀에게 돌아가게 될 터였다.

지휘관이 죽음에 대한 공포와 사랑의 신비감으로 혼란스러워하고 있을 때 어떤 병사가 이런 말을 했다.

"자, 그를 저기 참나무 밑에 묻어주도록 합시다. 나무뿌리는 그의 피를 마시고 무성하게 뻗어나갈 것이고 나뭇가지는 그의 유해를 자양분 삼아 더욱 튼튼하게 자랄 것입니다. 저 나무는 강인한 생명력을 갖고 자라 영원히 죽지 않을 것이며 그의 용기와 용맹을 증거하는 표식이 될 것입니다."

그러자 다른 사람이 앞으로 나섰다.

"그럴 게 아니라 시신을 삼나무숲으로 운반해서 교회 옆으로 데려갑시다. 그의 유해가 마지막 심판의 날을 기다리며 십자가의 그늘 아래 쉴 수 있도록 해줍시다."

또 다른 사람은 이렇게 말했다.

"그의 피가 땅에 스며들도록 그냥 여기 놓아둡시다. 그리고 그의 오른손에는 칼을 쥐어주고 그 옆에는 창을 꽂아둡시다. 그런 다음 그의 말을 죽여 그 무덤을 덮게 합시다. 무기들도 무덤가에 그대로 놓아두고 고독 속에 잠긴 그에게 위안이 되도록 하는 게 어떻겠소?"

누군가가 또 의견을 내놓았다.

"적의 피로 물든 칼을 신성한 무덤에 묻지도 말고 이미 다 죽어가는 말을 살해하지도 맙시다. 용감한 영웅의 강한 팔뚝에 익숙해진 무기를 황무지에 버려둔다는 것도 말이 안 됩니다. 그보다는 모든 유품들을 그의 친척들에게 갖다주어 가문의 자랑거리가 되게 합시다."

그러자 다른 사람은 이렇게 말했다.

"우리 모두 시신 앞에 무릎을 꿇고 나자렛 예수께 기도를 올립시다. 그의 죄를 모두 사하고 우리의 승리를 축복해달라고 말입니다."

"아니오, 우리 모두 시신을 높이 들쳐 메고 창과 방패로 상여를 만든 후, 계곡을 돌며 승리의 노래를 부릅시다. 그에게 적들의 시체들을 보게 합시다. 그러면 적의 창칼에 찢긴 육신의 고통이 조금이나마 위무될 것입니다. 차가운 무덤에 갇히기 전에 그의 영혼이 미소짓게 해줍시다."

"시신을 그의 말 위에 앉힙시다. 그리고 적들의 두개골을 모두 창에 꿰어 승리의 위용을 과시한 다음 아군의 진영으로 그를 데려갑시다. 그는 많은 적군을 무찌른 다음에야 스스로를 희생시켰으니까요."

"그보다는 이 산기슭에서 그에게 작별을 고합시다. 우리가 떠나고 나면 동굴의 메아리가 그의 친구가 될 것이며 계곡물 소리가 그의 영혼을 위로할 것입니다. 그의 뼈는 이 황무지에서 평화롭게 쉴 것이며 밤의 부드러운 품안에서 안식을 찾게 될 것입니다."

"아니오, 그를 여기 그냥 두어서는 안 됩니다. 이곳은 황량하고 적막한 곳입니다. 그보다는 마을의 묘지로 그를 옮겨갑시다. 거기에서라면 우리 조상들의 영혼과 더불어 지난 전쟁과 영광의 역사를 이야기하며 서로 벗이 될 수 있을 겁니다."

저마다 온갖 지혜를 짜내며 의견들을 내놓는 가운데 지휘관이 일어서서 조용히 하라는 신호를 보냈다. 그러고는 한숨을 몰아쉬며 이렇게 말했다.

"더 이상 전쟁의 기억으로 그를 괴롭히지 말라. 지상을 떠도는 그 영혼의 귀에 더 이상 창칼에 관계된 이야기가 들려오지 않게 하라. 이제 평화와 안식의 세계로 떠난 그를 다시 고향으로 데려간다는 것은 여러 모로 그를 괴롭히는 일이다. 하지만 그곳에는 그를 기다리는 한 여인이 있다. 오직 그가 살아 돌아오기만을 애타게 기다리고 있을 여인이. 자, 그러니 그를 그녀에게 되돌려 주자. 그녀가 그의 얼굴을 들여다보며 이마에 입맞출 수 있도록."

그리하여 그들은 모두 힘을 합쳐서 그를 떠메고 고향으로 향했다. 다들 고개를 떨구고 우울하게 걸음을 옮겼다. 주인을 잃고 슬픔에 잠긴 말이 고삐를 질질 끌며 뒤를 따랐다. 때로 말 울음소리가 동굴 벽에 메아리쳐 되돌아오기도 했다. 그 소리는 마치 동굴도 심장이 있어 말의 지극한 슬픔과 공감하고 있는 것 같았다.

그리하여 달빛이 흥건한 골짜기 아래로는 죽음의 행렬이 앞서가고 승리의 행렬이 그 뒤를 따르게 되었다. 맨 앞에서는 사랑의 정령이 부러진 날개를 한껏 추스르며 행렬을 인도하고 있었다.

죽음의 미학

나를 잠들게 해주세요, 내 영혼은 사랑에 취했답니다.
나를 편안히 재워주세요, 내 영혼은 무수한 낮과 밤에 지쳐 있답니다.
좀더 환하게
내 침상 곁의 향로에 불을 지펴주세요.
내 몸 가까이
장미와 수선화 꽃잎들을 흩날려주시고
내 머리카락 위로 사향수를 뿌려주세요.
발등에도 향기 나는 기름을 부어주세요.
그리고 찬찬히 읽어주세요,
죽음의 손이 내 이마에 써놓은 글귀를.

잠의 깊은 품속에 나를 놓아두세요.
피로에 지쳐 더 이상 깨어 있기가 힘이 듭니다.
수금과 류트를 연주하여
그 은빛 현들의 메아리가
내 귓가에 울려 퍼지게 해주세요.
피리와 플루트를 불어
그 투명한 선율로
내 가슴을 덮어주세요.

내 영혼은 서둘러 끝을 향해 달려가고 있습니다.
루아의 노래를 들려주시어
내 영혼에 그 황홀한 멜로디의 양탄자를 덮어주세요.
그리고 내 눈동자를 바라보세요.
거기, 희망의 빛이 빛나고 있을 것입니다.

이제 눈물을 닦아요, 친구들이여.
스스로 왕관을 높이 쳐드는 새벽의 꽃송이들처럼
그대의 머리를 높이 들고
내 공허한 침대 곁에서
빛 기둥처럼 서 있는 죽음의 신부를 보세요.
잠시 숨을 멈추고 같이 들어봐요,
나풀거리는 그녀의 날갯짓 소리를.

오세요, 내 형제들이여, 우리 이제 작별을 고해요.
미소띤 입술로 내 이마에 입 맞추고
눈꺼풀에도 키스해주세요.
아이들을 내 침대 가까이 데려와
장미꽃잎처럼 부드러운 그 손가락으로
내 머리를 쓰다듬게 해주세요.

노인들을 모셔와
마디지고 야윈 그 손가락으로
내 이마에 축복을 내리게 해주세요.
자비의 딸들도 그 자리에 초대하여
내 눈동자 속에서 신의 형상을 바라보게 하고

죽음의 미학

서둘러 내 영혼을 데려가는
영원의 메아리를 듣게 해주세요.

이별

나는 이제 산꼭대기에 이르렀고
내 영혼은 자유와 해방의 절정을 향해 날아갑니다.
나는 형제들로부터 멀리, 아주 멀리 떨어져 있고
언덕은 안개 너머로 얼굴을 감추어버렸습니다.

계곡은 침묵의 바다 속으로 가라앉고
망각의 손길은 모든 길과 언덕들을 지워버렸습니다.
숲은 봄날의 구름처럼 하얗고,
태양 광선처럼 금빛이며,
저녁의 외투처럼 붉은 환각들 뒤로 모습을 감춰버렸습니다.

파도는 노래를 그치고
들판을 흐르는 시냇물의 연주는 희미해지고
군중들의 함성도 잦아들었습니다.
이제 무한의 찬미가만이 들려오고
나는 영혼의 욕망에 녹아들고 있습니다.

안식

이 몸에서 아마포 수의를 걷어내고
백합과 재스민 잎사귀를 입혀주세요.
상아로 된 작은 상자에서 내 유골들을 꺼내
오렌지꽃으로 장식한 침대 위에 놓아주세요.

눈물과 미소

나를 위해 울지 마세요, 내 형제들이여,
청춘과 환희의 노래를 들려주세요.
눈물을 흘리지 말아요, 대지의 딸들이여,
수확의 계절, 포도를 밟던 날들의 노래를 불러주세요.

한숨과 흐느낌으로 내 가슴을 덮지 말고
사랑의 상징과 기쁨의 표상을
당신 손가락으로 그려주세요,
사제들의 영결 노래로
대기의 안식을 깨뜨리지 말고
불멸의 삶을 찬양하며
당신도 나와 함께 기뻐해주세요.

통곡의 검은 옷을 벗어던지세요
눈부시게 흰 옷으로 갈아입고 나와 함께 기뻐해주세요.
이별을 탄식하지 마세요.
언제고 눈을 감으면 그대 가슴속에 있는 나를
보게 될 테니까요.
잎이 무성한 나뭇가지들 위에 내 몸을 뉘이고
저 높은 꼭대기로 들어 올려
대자연 속으로 고이 데려가 주세요.

나를 묘지로 데려가지 마세요.
번잡한 장례식은 나의 안식을 방해하고
뼈와 해골들의 바스락거림은 나의 잠을 앗아가니까요.
나를 삼나무숲으로 데려가 주세요.

죽음의 미학

바이올렛과 아네모네가 자라나는 그곳에
나의 무덤을 파 주세요.
무덤을 깊이 파 주세요.
홍수가 내 뼈를 쓸어가지 않게.
무덤을 넓게 파 주세요.
밤의 유령들이 내 곁에 앉을 수 있게.

이 옷들을 벗어던지고
알몸으로 대지의 품에 안기게 해주세요.
내 어머니의 가슴 위에
나를 포근히 놓아 주세요.
부드러운 흙으로 내 몸을 덮고
잔디를 심어주시고,
야생 장미와 재스민 씨앗도 뿌려주세요.
육신의 원소들로 영양분을 섭취하여
내 무덤 위에 꽃을 피우고
영혼의 향기를
널리 퍼뜨릴 것입니다.
또한 내 안식의 비밀들을
태양의 얼굴에 높이 매달아놓고
선 채로 미풍에 흔들리면서
오고가는 사람들에게
흘러간 나의 그리움과 꿈들을 이야기할 것입니다.

이제 나를 놓아주세요, 내 형제들이여,
나를 고독 속에 혼자 두고

조용히 떠나세요.
텅 빈 골짜기로 정적이 밀려들고 있습니다.
4월의 바람에 흩날리는 사과꽃처럼
나를 두고 떠나세요.
집으로 돌아가면
당신들은 비로소 알게 될 것입니다.
죽음조차
우리를 갈라놓을 수 없다는 것을.
어서 이곳을 떠나세요,
당신들이 찾고 있는 사람은 벌써 이곳에서 멀리멀리 떠났답니다.

어떤 노래

　내 영혼의 심연 속에는 그 어떤 언어의 옷도 필요 없는 노래가 하나 있습니다.
　내 마음의 언어로 존재하는 그 노래는 잉크처럼 종이에 스며들지도 않습니다.
　그 노래는 내 감정을 거미줄 같은 외투로 감싸고 있어서
　혀에 묻은 침방울처럼 튀어나오지도 않습니다.
　내가 그 참된 공기를 두려워하는데
　어떻게 그것을 한숨처럼 내뱉을 수 있겠습니까?
　내 영혼이 아니면 존재할 길 없는 그 노래를
　내가 누구를 위해 부르겠습니까?
　나는 사나운 청각이 두렵습니다.

　내 눈동자를 들여다보았다면 그대는 그 노래의 영상을 보았을 것입니다.
　내 손가락 끝을 스쳤다면 그대는 그 노래의 떨림을 느꼈을 것입니다.

　호수가 빛나는 별들을 거울처럼 비춰주듯
　내 손길은 그것을 드러냈습니다.
　따스한 날 산화하는 이슬방울들이

눈물과 미소

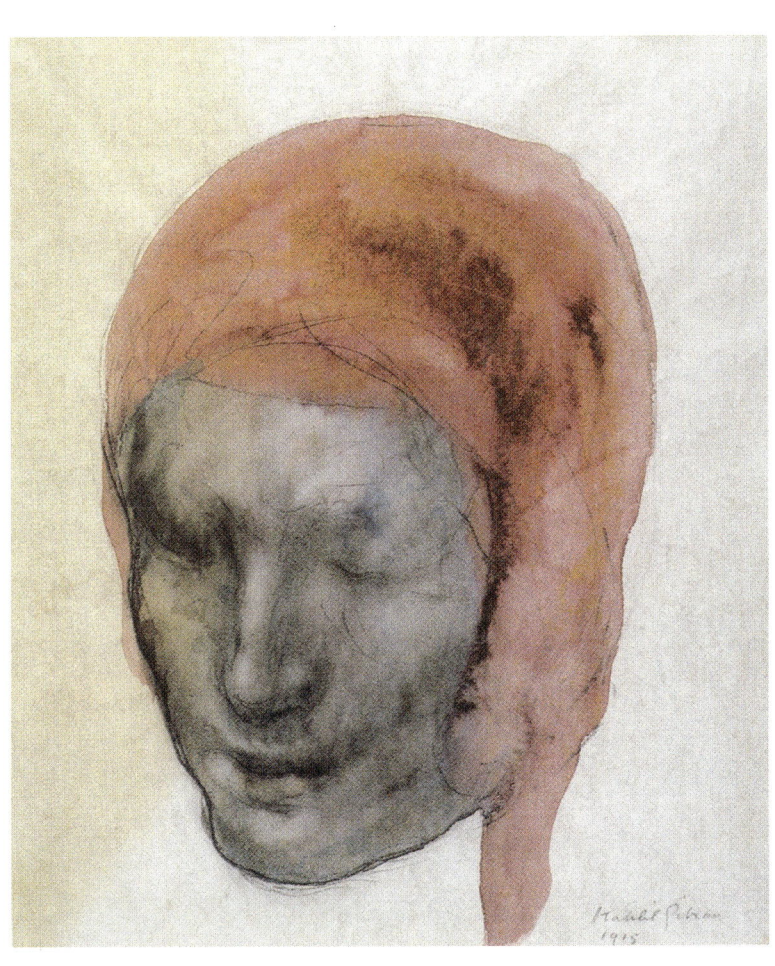

어떤 노래

장미의 비밀을 선포하듯
내 눈물이 그 노래를 드러냈습니다.

그 노래는 소리 없이 불리고
함성에 삼켜지며
꿈으로 연주됩니다.
깨어남으로 인해 숨겨지는 노래 하나.

사람들이여, 이것은 사랑의 노래입니다.
이삭이 어찌 그것을 연주할 것이며
글쎄요, 다윗이 어찌 그것을 노래할까요?

노래의 향기는 재스민 내음보다 감미롭습니다.
어떤 목청이 그 노래를 압도할 수 있을까요?
처녀의 비밀보다 소중한 노래,
어떤 현악기가 그것을 흉내낼 수 있을까요?

그 누가 바다의 성난 포효와
밤 꾀꼬리의 지저귐을 엮어줄까요?
그 누가 아이의 한숨과 울부짖는 폭풍을 결합시켜줄까요?
어떻게 인간이 신들의 노래를 부를 수 있을까요?

파도의 노래

해변은 나의 연인입니다.
바람은 우리를 만나게도, 이별하게도 합니다.

바다의 은빛 포말과 해변의 금빛 모래를 하나 되게 하려고
나는 황혼 너머에서 왔습니다.
나는 나의 물기로 해변의 뜨거운 가슴을 시원하게 식혀줍니다.

새벽이 오면 나는 연인을 위해
정열의 율법을 읽어주고
그는 나를 가슴으로 끌어당깁니다.
저녁이면 나는 그리움의 기도문을 읊조리고
그는 나를 부드럽게 안아줍니다.

나는 불평이 많고 늘 분주하지만
내 연인은 인내심이 강합니다.
썰물이 지면 나는 그를 껴안고
밀물이 오면 나는 그의 발치에 쓰러집니다.
바다의 딸들이 바닷속에서 나와
별을 보며 바위 위에 앉아 있을 때

나는 그 곁에서 얼마나 열심히 춤을 추었는지요!
그 아름다운 처녀들에게 내 연인의 정열이 옮겨갈까 봐
얼마나 신경이 쓰이던지요.
때로 나는 한숨과 탄식으로 자비를 베풀었습니다.
바위들이 춥고 고독할 때
그들을 위로해주기도 했고
그들이 슬퍼할 때면
웃으면서 애무해주었습니다!
나는 얼마나 많은 사람들을 바닷속에서 건져내어
목숨을 구해주었는지요!
얼마나 많은 진주들을 바닷속에서 훔쳐
아름다움의 딸들에게 선물했었는지요!

모든 피조물이 잠과 꿈에 취해 있는
고요한 밤, 나는 홀로 깨어나
노래 부르고 때론 한숨짓습니다.
아, 깨어 있음은 나를 파멸시키지만 나는 사랑하는 존재이며
사랑의 진리는 바로 깨어 있음인 것입니다.

나의 삶을 보아요.
이제껏 살아왔듯, 그렇게 나는 죽을 것입니다.

비의 노래

나는 신들이 하늘에서 떨어뜨린
은빛 실타래.
자연은 나를 데리고 다니며 골짜기를 장식합니다.

나는 이슈타르의 왕관에서 흩어져 내린
값비싼 진주.
들판을 아름답게 치장하려 아침의 딸이 나를 훔쳤습니다.

내가 울면 작은 언덕들은 미소짓습니다.
내가 몸을 낮출수록 꽃들은 더 높이 자랍니다.

구름과 들판은 사랑에 빠진 연인
나는 전령사가 되어 서로의 안부를 전해줍니다.
들판의 갈증을 식혀주고
구름의 병을 치료해줍니다.
천둥소리와 칼날 같은 번갯불은
나의 출발을 알리는 통보관이며
내 여행길의 끝에는 무지개가 기다립니다.
그리하여 나는 죽음의 평화로운 손을 놓고
분노의 발 사이로 들어가

지상에서 계속 살아갑니다.

나는 호수의 심장에서 솟구쳐
공기의 날개를 타고
초록이 무성한 정원에 당도합니다.
그곳에서 나는 다시 아래로 내려가
꽃들의 입술에 입맞추고
나뭇가지들을 껴안습니다.

적막의 한가운데서, 나는 부드러운 손가락으로
유리창을 두드립니다.
이는 마음이 풍성한 영혼들에게만 들리는 노래입니다.

나는 지구의 열로 창조되었으나
그 열을 소멸시키기도 합니다.
여성이 남성에게서 가져온 힘으로 그들을 정복하듯.

나는 바다의 한숨,
하늘의 눈물,
들판의 미소입니다.
그리고 사랑은
감정의 바다가 토해내는 한숨,
사색의 하늘에서 쏟아지는 눈물,
영혼의 들판에 번지는 미소입니다.

눈물과 미소

비의 노래

아름다움의 노래

나는 사랑의 안내자이자
영혼의 포도주,
나는 심장의 양식.

나는 한 송이 장미.
내 심장은 새벽에 열린다.
한 처녀가 내 몸을 꺾어 껴안고 입을 맞춘다.
나는 행복의 집,
기쁨의 원천,
안식의 시작.

나는 처녀의 입술 위에 어리는 부드러운 미소.
청년은 나를 보며 고통을 잊고 그의 삶은 감미로운 꿈의 무대가 된다.

나는 시인들의 상상력,
예술가들의 안내자,
음악을 창조하는 이의 스승.

나는 어린아이의 눈동자에 깃든

자비로운 어머니의 눈짓.
그 눈짓으로 그녀는 기도하고 신을 찬미한다.

나는 이브의 형상으로 나타나
아담을 노예로 만들었다.
나는 연인의 모습으로 나타나
솔로몬을 시인과 현자로 만들었다.
나는 헬렌의 미소를 보내어
트로이를 멸망시켰다.
나는 클레오파트라에게 왕관을 씌워 나일강에 평화를 안겨 주었다.

나는 운명과도 같다.
오늘 이룩한 것들을
내일 파괴시킨다.
나는 신이다.
나는 생명과 죽음을 창조한다.
나는 바이올렛의 한숨보다 가볍고
폭풍보다 강건하다.
나는 진실이다.
오 인간이여, 하나의 참된 진실인 것이다.

아름다움의 노래

행복의 노래

인간은 나의 연인이며, 나는 인간의 연인이다.
나는 그를 그리워하고 그 또한 나를 그리워한다.
비애는 나 자신이다. 비애는 사랑 속에서 나를 괴롭히고 고통을 주는 슬픔의 분배자이기 때문이다. 비애는 물질이라는 이름의 잔혹한 여신이다. 우리가 어딜 가든 그녀는 우리를 분열시키기 위한 안내자처럼 뒤를 따라다닌다.
나는 나무 그늘과 야생의 연못가에서 연인을 찾았지만 볼 수가 없었다. 물질이 그를 유혹하여 썩어빠진 사람들의 도시로 데려가 버렸기 때문이다.
나는 학교와 지혜의 사원에서 그를 찾아보았지만 발견하지 못했다. 물질이 속세의 옷을 입고 나타나 이기심의 벽에 갇힌 사람들의 분주하고 하찮은 일상 속으로 그를 데려갔기 때문이었다.
나는 만족의 들판에서 그를 찾아보았으나 허사였다. 나의 적들이 그를 열망과 탐욕의 동굴에 가두어 버렸기 때문이다.
나는 동틀 무렵 그를 소리쳐 불러 보지만 그는 대답하지 못한다. 그는 허욕의 잠에 취해 있기 때문이다.
나는 침묵이 세상을 감싸고 꽃들이 잠에 취한 밤에 그를 포옹한다. 그러나 그는 아무것도 느끼지 못한다. 벌써부터 내일의 일에 대한 열망이 그를 사로잡고 있기 때문이다.

눈물과 미소

나의 연인은 나를 사랑한다. 그는 나를 자신의 행위 속에서 찾고 있지만 결코 나를 발견하지 못할 것이다. 나는 신의 행위 안에 있기 때문이다.

그는 약자들의 해골로 지은 영예의 궁전과 온갖 금은보화 속에서 나와의 결합을 바라고 있다. 하지만 나는 신들이 사랑의 강둑 위에 지은 소박한 집에서가 아니면 만족할 수 없다.

그는 학살자와 압제자들 앞에서 나를 포옹하려 하지만 나는 순결한 꽃송이들 사이의 고독 속에서만 입술을 허락할 것이다.

그는 거짓으로 나와의 관계를 유지하려고 하지만 나는 죄악으로부터 자유로운 행위가 아니면 다른 중개자를 필요로 하지 않는다.

나의 연인은 나의 적인 물질에서 혼돈과 번잡함을 배웠다. 나는 그 영혼의 눈동자에서 절실한 기도의 눈물과 만족스런 미소가 흘러나오도록 그를 가르칠 것이다.

나의 연인은 나의 것이며, 나는 그의 것이다.

행복의 노래

꽃의 노래

나는 자연이 뱉어놓은 하나의 낱말.
그렇게 뱉어진 다음 다시
그녀의 가슴속으로 회수되고
이내 토해져 나온다.
나는 푸른 하늘에서
푸른 양탄자 위로 떨어지는 별.

나는 자연의 딸.
겨울에 이주하여
봄에 태어나고
여름에 자라나
가을엔 휴식을 위해 눕는다.

나는 연인들의 선물이며
결혼식의 왕관.
죽은 자에게 바치는 산 자의 마지막 예물.
아침이 오면
나는 미풍과 함께 빛을 선포하고
저녁이면
새와 더불어 그 빛에 작별을 고한다.

눈물과 미소

꽃의 노래

나는 평원을 지배하며
아름답게 그들을 치장해준다.
나는 대기에 나의 향기를 뿜어준다.
내가 잠과 포옹하면
밤의 온갖 눈동자들이 오랫동안 나를 응시한다.
나는 낮의 눈동자를 찾기 위하여 깨어나려 애쓴다.

나는 이슬의 황홀을 마시고
지빠귀들의 노래를 들으며
풀잎이 연주하는 음악에 맞춰 춤춘다.
나의 영상을 바라보기 위해서가 아니라
빛을 바라보기 위해 항상 하늘을 향한다.
이것이 바로 인간이 아직 배우지 못한 지혜이다.

인생 찬가

나는 살아왔고
여전히 존재하고 있다.
나는 무한한 존재이기에
시간의 그 끝까지 존재할 것이다.

나는 광막한 무한의 공간을 헤치고 환상의 세계로 날아가 천상에 있는 빛의 고리 가까이 다가갔다.
그런데도 아직 물질의 포로인 나를 보라.
나는 공자의 가르침을 들었고 브라만의 지혜를 접했으며 지혜의 보리수 나무 아래 부처 곁에 앉아 있기도 했었다.
그런데 지금 무지와 불신으로 싸우고 있는 나를 보라.
예수가 모세 앞에 나타났을 때 나는 시나이산에 있었다. 요르단 강가에서 나자렛 사람의 기적을 보았고 메디나에서 아라비아의 사도가 하는 말을 들었다.
그런데 지금 의심의 포로가 된 나를 보라.
나는 바빌론의 권력과 이집트의 영광, 그리스의 위대함을 목격하였다. 그 업적들이 얼마나 하찮은지도 보았다.
나는 엔더의 마녀와 마주 앉았고, 아시리아의 사제들과 팔레스타인의 예언자들과도 자리를 함께 했다. 인도 사람들의 조상들로부터 전해져 내려오는 지혜도 배웠고, 아라비아인들의 가슴에서 샘솟는 시상에 대해서도 정통하게 되었으며, 서구인들의 음악에도 귀를 기울였다.

그럼에도 나는 눈이 멀어 아무것도 보지 못하며, 귀가 먹어 아무것도 듣지 못한다.

나는 만족을 모르는 권력자의 횡포를 견뎌왔으며 독재자의 압박과 강자들의 속박 아래 살아왔다.

이제 나는 시대와 싸울 만큼 강해졌다.

이 모든 것들을 보고 들어왔지만 나는 아직도 어린아이에 불과하다. 앞으로도 나는 진실한 젊음의 행위들을 듣고 보고 배울 것이며 늙어가면서 삶의 완성에 도달하고 신에게 되돌아갈 것이다.

나는 살아왔고
여전히 존재하고 있다.
나는 무한한 존재이기에
시간의 끝까지 존재하리라.

인생 찬가

시인의 목소리

1

용기는 내 가슴 깊은 곳에 씨를 뿌리고, 나는 추수한 이삭들을 다발로 묶어 배고픈 사람들과 나눈다.

영혼은 작은 포도나무를 소생시키고 나는 그 포도즙을 목마른 사람에게 건넨다.

하늘은 등잔에 기름을 채우고 나는 밤의 길손을 위하여 내 집 창가에 등잔을 놓아둔다.

내가 이런 일을 하는 이유는 내가 그들 곁에 살기 때문이다. 만일 내게 낮을 금지되고 밤이 내 손을 막는다면 나는 죽음을 택할 것이다. 죽음은 자신의 조국에서 추방당한 예언자와 망명한 시인에게 잘 어울리기 때문이다.

인류는 폭풍우 같은 혼란에 휩싸여 있고 나는 침묵 속에서 한숨짓는다. 나는 태풍의 분노가 진정되어 시간의 심연 속으로 가라앉는 것을 보았지만, 한숨은 신의 영생 속에서 지속된다는 것을 알고 있기 때문이다.

인류는 백설처럼 차가운 물질에 집착한다. 나는 생명의 급소를 태우고 내장을 움켜쥐는 사랑의 불꽃을 찾는다.

물질은 고통 없이 인간을 죽음으로 몰고 가지만 사랑은 인간을 고통 속에서 부활시킨다는 것을 알고 있기 때문이다.

인류는 종파와 종족들로 나뉘어 있으며 국가와 영토에 속해 있다.

나는 어떤 땅에서는 이방인이었으며 어느 민족들 속에서는 국외자였다. 그러나 모든 대지는 내 조국이며 모든 인간은 나와 같은 종족이다. 인간은 스스로 분열되어 있는 약한 존재임을 알기 때문이다. 어리석게도 인간들은 이 좁은 지구를 왕국과 공국(公國)으로 갈라놓고 있다.

인간은 한데 모여 영혼의 성지를 파괴하고 육신의 사원을 건설한다.

나는 홀로 비탄에 잠긴 채 어떤 음성을 듣고 있다. 그것은 내 안에서 들려오는 희망의 속삭임이다.

"사랑이 진통을 이겨내며 인간의 가슴에 생명을 불어넣듯 어리석음도 그와 같은 방법으로 지혜의 길들을 가르쳐준다. 고통과 어리석음은 위대한 환희와 완전한 지식으로 인도한다. 영원한 진리는 햇빛 아래 헛된 것은 아무것도 창조하지 않았기 때문이다.

2

나는 홀로 비탄에 잠긴 채 어떤 음성을 듣고 있었다. 그것은 무언가 간절히 소망하면서 살아가는 사람들의 이야기였다.

그러나 만약 그들이 국가에 대한 사랑이라는 허울 좋은 명분 아래 이웃 나라를 정복하여 그들의 재산을 약탈하고 어린 아이들을 고아로, 여인들을 과부로 만들고 그 아들들의 피로 물든 땅에서 먹이를 찾아 헤매는 야수들에게 어린 청년들의 살덩이를 던져준다면, 나는 내 조국과 민족을 증오할 것이다.

고향을 떠올리노라면 어릴 적 살았던 집에 대한 그리움과 정열에 빠져든다.

그러나 그 집에 사는 사람들이 한 끼 식사와 잠자리를 청하는 나그네를 내쫓아버린다면 나의 기쁨은 비탄으로 변할 것이며 나의 그리움은 환멸이 될 것이다.

"진실로 빵이 필요한 사람에게 곳간문을 닫아걸고, 쉴 곳을 구하는 사람에게 침대를 내주지 않는 집은 멸망하는 것이 마땅하리라."

나는 내 조국에 대한 사랑 때문에 고향을 사랑한다.

나는 세계를 향한 사랑 때문에 내 조국을 사랑한다.

나는 내 모든 것을 다 바쳐 이 세상을 사랑한다. 이곳은 땅 위의 신성한 영혼인 인간의 목초지이기 때문이다. 성스러운 인간성은 땅 위의 성령과도 같다. 지금 한 나그네가 야윈 몸을 누더기로 감싸고 눈물을 흘리며 폐허 위에 서 있다. 그리고 슬픔에 가득 찬 목소리로 아들들을 부르고 있다.

아들들은 전쟁의 찬가를 외치느라 어머니의 부름을 듣지 못하고 번쩍이는 칼날에 눈이 부셔 어머니의 눈물을 보지 못한다.

홀로 버려진 그녀는 사람들에게 구원을 청하며 울부짖지만 아무도 그것을 의식하지 못한다. 어쩌다 그들 중 한 사람이 다가와 눈물을 닦아주며 그녀의 고통을 위로해주기도 한다. 그러면 다른 사람들은 이렇게 말한다.

"그냥 내버려두게. 비탄은 약한 자들을 더욱 가련하게 만들 따름이지."

인간성이란 땅 위에 존재하는 성령이다. 성스러움은 사랑을 깨우쳐주고 삶의 올바른 방법들을 제시한다.

그러나 군중들은 그러한 가르침들을 조롱하며 비웃는다. 옛날 나자렛 사람이 그 비웃음을 들었고, 그 때문에 그는 십자가에 못 박혔다. 소크라테스 역시 그런 조롱을 당했고, 사람들은 그에게 독약을 마시게 했다.

오늘날에는 사람들이 나자렛 사람과 소크라테스를 떠올리며 이야기를 나눠도 군중은 그들을 죽이지 못한다. 그러나 "경멸은 죽음보다 더 가혹하고 쓰라린 것"이라며 여전히 그들을 조롱한다.

예루살렘은 나자렛 사람을 죽일 수 없다. 그는 영원히 살아 있기 때문이다. 아테네 사람은 소크라테스를 파멸시키지 못한다. 그 또한 영원히 살아 있기 때문이다.

조소와 경멸은 인간성을 신봉하며 신들의 발자국을 따라가는 사람들을 이길 수 없다. 그들 역시 영원히 살 것이기 때문이다.

3

우리는 우주적인 성령의 자식들, 그대는 나의 형제이다.

그대는 나와 똑같은 진흙으로 만들어진 육체의 포로이다. 그대는 내 삶의 동반자이며, 구름에 가려진 진실을 일깨워주는 나의 조력자이다. 그대들 인간이여, 나는 그대를, 내 형제를 사랑한다.

그대가 원하는 것을 나에게 말하라, 심판의 내일이 오면 그대의 말은 그 재판의 증거가 될 것이다.

그대가 원하는 것은 무엇이든 내게서 가져가라. 그러나 그대는 정당한 권리로 갖게 되는 그대 자신의 몫과 내가 탐욕으로 취한 것들 외에는 아무것도 가져가지 못할 것이다. 만일 그대가 이 계산에 만족한다면 그대는 그 대가를 취할 자격이 있다.

그대가 원하는 일을 나와 함께 행하라. 그대는 나의 실체를 만질 수 없기 때문이다.

내 목을 잘라 피를 흘리게 한다 해도 그대는 내 영혼을 상처 입히거나 파괴할 수 없으리라. 차라리 내 손과 발을 사슬로 묶어 나를 어둠의 감옥에 던져넣으라.

그래도 그대는 나의 사상까지 가두지는 못할 것이다. 사상이란 무한한 우주를 통과하는 바람처럼 자유로운 것이기 때문이다.

그대는 나의 형제, 나는 그대를 사랑한다.

그대가 사원에 엎드려 있든 교회에서 무릎 꿇고 있든 유대교 회당 안에서 기도하고 있든 나는 그대를 사랑한다.

그대와 나는 하나의 믿음, 성령의 자식들이다. 그리고 그 많은 나뭇가지를 지배하는 우두머리로 선택된 사람들은 성령의 완전함을 가리키는 신성한 손가락이다.

나는 그대를 사랑한다.

진실을 향한 그대의 사랑은 모든 사람들의 마음에서 솟구치고 있기 때문이다. 지금은 비록 눈멀어 그 진실을 볼 수 없지만 나는 그것을 성스럽게 여기고 있다. 그 진실은 언젠가 나의 진실과 만날 것이고, 꽃향기처럼 한데 뭉쳐 불멸의 사랑과 아름다움으로 화할 것이다.

나는 그대를 사랑한다.

나는 그대가 힘세고 잔인한 사람들 앞에서는 약하고, 부유하고 탐욕스런 자들의 궁전 앞에서는 가난하고 비천하게 보인다는 것을 안다.

그리하여 나는 그대를 위해 눈물을 흘렸다. 내 눈물을 통해 그대에게 미소지었고, 그대의 번뇌를 비웃는 정의의 두 팔 안에 그대가 안겨 있는 것을 보았다.
그대는 나의 형제, 나는 그대를 사랑한다.

4
그대는 나의 형제, 그대는 어찌하여 나와 싸우려 하는가?
어째서 그대는 내 땅에 와서 그대의 말로 영광을 얻고 그대의 노고로 기쁨을 찾는 이들의 만족을 위해 나를 비하하는가?
어째서 그대는 죽음을 쫓아 먼 나라로 가기 위해 아내와 어린 자식들을 버리는가? 그대의 피로 명예를 얻고 그대 어머니의 눈물로 권력을 취하려는 자들을 위해서인가? 전쟁터에서 그대의 형제들과 싸우는 것이 고결한 짓인가?
그렇다면, 카인의 모습을 떠올리며 하난의 찬가를 외쳐라.
형제여, 그들은 말한다. 자기를 보존하는 것은 대자연의 첫 번째 법칙이라고. 그러나 나는 똑똑히 보았다. 그들이 특권을 탐하며 술수를 부려 그대의 형제들을 더욱 쉽게 노예로 만드는 것을.
그들은 존재에 대한 사랑이란 자신의 권리를 다른 사람들이 강탈하도록 조장하는 것이라 말한다.
그러나 나는 이렇게 말하리라. 다른 사람의 권리를 보호하는 것이야말로 인간의 행위 중에서 가장 고결하고 훌륭한 것이라고.
만일 내 존재가 타인을 파멸시키는 조건이 된다면 나는 이렇게 말하리라. 내겐 차라리 죽음이 그보다 달콤하리라고.
만일 내 자신을 죽이는 길만이 사람을 사랑하는 명예로운 길이라면 나는 기꺼이 내 손으로 죽음의 시간을 앞당겨 영원으로 가리라.

형제여, 자아에 대한 사랑은 맹목적인 논쟁을 일으킨다. 그 논쟁이 투쟁을 낳으며 투쟁은 권위를 불러들여 결국 이 모든 것들이 경쟁과 억압의 원인이 되게 하는 것이다.

영혼은 지혜와 정의를 무지와 독재 위에 올려 세운다. 그리하여 영혼은 쇠를 단련하여 날카로운 칼을 만드는 세상이 무지와 부정을 퍼뜨리지 못하게 힘을 발휘한다.

바로 그 힘이 바빌론을 파괴하고 예루살렘을 무너뜨리고 로마를 멸망시켰다.

바로 그 힘이 피 흘리는 자와, 군중의 칭송을 받고 작가들이 위대한 이름으로 포장해준 학살자들을 양산해낸 것이다. 마치 그들이 순결한 피로 대지를 물들였으며, 그로 인해 대지가 땅을 등에 업어 옮겨준 것처럼 묘사하고 있는 것이다.

형제여, 도대체 무엇 때문에 그대는 자신을 속이는 사람을 찬양하고 그대에게 해를 끼치는 사람을 갈망하는 것인가?

진실한 힘이란 정의와 자연의 원리를 수호하는 지혜이다.

살인자를 죽이고 도적들을 투옥시키며 이웃을 습격하고 수천의 목숨을 앗아가는 통치권의 정의로움이란 대체 어디에 있는 것인가?

살인자들을 처벌하는 살인자와 도적들을 강탈하는 도적들에게 열광하는 사람들은 무엇을 말하는가?

그대는 나의 형제, 나는 그대를 사랑한다.

정의란 사랑의 지극한 표현이다.

만일 그대를 향한 내 사랑이 모든 국가에서 정의롭게 펼쳐지지 않는다면 나는 단지 사랑이라는 황홀한 옷자락 속에 이기주의의 죄악을 감추고 있는 사기꾼에 불과한 것이다.

끝맺는 노래

내 영혼은 시대가 나의 실존을 억누를 때 나를 위안하고, 삶의 번뇌가 켜켜이 쌓일 때 나를 위로해주는 친구이다.

자신의 영혼에 친밀함을 느끼지 못하는 사람은 인간의 적이다. 자신의 내면에서 친구를 발견하지 못하는 사람은 절망으로 죽어갈 수밖에 없다. 왜냐하면 삶이란 인간 속에서 샘솟는 것이기 때문이다.

나는 지금껏 그렇게 말해왔고, 앞으로도 그럴 것이다. 만일 내가 그 말을 다 하기 전에 죽어야 한다면 나머지는 미래가 대신하리라. 미래는 영원의 책 속에 감추어진 비밀들을 내버려두지 않기 때문이다.

나는 찬란하고 아름다운 사랑의 빛 속에서 살고 있다.

삶 속에 있는 나를 보라. 그 누구도 삶에서 나를 떼어낼 수 없다.

만일 그들이 내 눈동자의 불을 꺼버린다면 나는 아름다운 사랑의 노래와 환희의 선율에 귀기울일 것이다. 만일 그들이 내 귀까지 막아버린다면 나는 아름다움의 향기와 사랑하는 사람들의 감미로운 숨결이 와 닿는 미풍의 애무에서 환희를 찾아낼 것이다.

만일 내가 하늘을 부정하게 된다면 나는 내 영혼과 더불어 살리라. 영혼은 사랑과 아름다움의 딸이므로.

나는 모든 것을 위해 존재하며 모든 것 안에 존재한다. 오늘 나의 고독한 외침이 다가올 미래에는 공공연한 진리로 선포될 것이다.

또한 오늘 내가 홀로 외친 말은 내일이면 많은 사람들의 입에 오르내리게 되리라.

The Broken Wings
부러진 날개

머리글

　사랑의 신비한 빛이 내 마음을 열고 그 뜨거운 손가락으로 처음 내 영혼을 건드렸을 때, 그때 내 나이 열여덟이었다. 셀마 카라미, 그녀의 아름다움은 내 영혼을 눈뜨게 했고 저 숭고한 사랑의 정원으로 나를 이끌었다. 그곳에서 낮은 꿈처럼 흘러가고, 밤은 서로 간절히 사랑하는 연인들의 혼례처럼 은혜로웠다.
　셀마 카라미는 그녀 자신이 아름다움의 고유한 표상으로써 내게 그 아름다움을 경배하는 법을 일깨워주었다. 그녀는 내게 사랑의 비밀을 가르쳐 준 여인이었고, 내게 진정한 삶의 시(詩)를 들려준 첫 사람이었다.
　젊은이는 누구나 첫사랑을 잊지 못하는 법이다. 그리하여 그 알 수 없는 온갖 비통함에도 불구하고 그의 마음속 가장 은밀한 곳을 가꾸고 그를 행복에 떨게 만들었던 저 추억의 시간, 그토록 낯선 신비의 시간들을 다시 붙잡으려 애쓰는 것이다.
　젊은이는 누구나 자신의 인생에서 한 사람의 '셀마'를 갖는다. 인생의 봄날, 어디선가 불현듯 나타나서는 고독을 행복으로 바꾸어 밤의 긴 침묵을 음악으로 가득 채워주는 그런 여인을.
　셀마의 입술에서 '사랑'이라는 언어가 나와 내 귓전에 와닿았을 때 나는 비로소 자연의 의미를 탐구하게 되었다. 그리하여 온갖 책 속의 지혜와 성서(聖書)의 계시를 이해하려 깊은 사색과 명상에 빠져들었다.

　셀마를 만나기 전까지 내 삶은 마치 에덴동산에서 최초의 목숨으로 빚은 아담의 삶과 같이 텅 빈 혼수상태였다. 바로 그때 셀마는 빛의 기둥인 듯이 내 앞에 우뚝 서 있었다. 그녀는 삶의 공허를 신비와 경이로 가득 채워 내게 인생의 의미를 깨우쳐준 내 마음의 이브였다.

　태초에 이브는 그녀 자신의 의지로 아담을 낙원 밖으로 이끌었지만, 셀마는 부드러움과 사랑으로써 나로 하여금 스스로 저 지순한 사랑과 미덕의 정원으로 들어가게 하였다. 하지만 낙원에서 아담을 추방했던 불칼〔火劍〕은 내게도 그 번뜩이는 칼날을 겨누었다. 그것은 나를 공포에 떨게 하고 마침내 내 사랑의 낙원에서 나를 몰아내고야 말았다. 나는 신의 어떤 명령에도 거역한 일이 없었으며 금단(禁斷)의 열매를 맛보지도 않았건만.

　이제 숱한 세월이 흐른 뒤에, 저 아름다운 꿈으로부터 추방당한 내게 남겨진 건 아무것도 없다. 보이지 않는 날개마냥 내 주위를 둘러싸고 퍼덕거리며 내 가슴 깊은 곳을 슬픔으로 가득 채우는 고통스런 추억 뿐 아무것도. 그리고 내 사랑, 아름다운 셀마는 이제 죽고 없다. 사이프러스 나무로 둘러싸인 그녀의 무덤과 갈기갈기 찢긴 내 마음 말고는 그녀를 기념할 만한 게 아무것도 없다니. 저 무덤과 이 가슴만이 셀마의 흔적을 간직하기 위해 남겨진 전부일 뿐이니.

　무덤을 지키는 관(棺) 속의 고요에 깃든 신의 비밀을 간직한 채, 나무뿌리는 육신의 원소들을 빨아올린다. 살랑거리는 나뭇가지들조차 무덤의 신비를 털어놓지 않는다. 그러나 내 가슴의 괴로운 한숨은 사랑과 아름다움의 죽음으로 이루어진

머리글

드라마를 살아 있는 이들에게 들려주려 한다.

오오, 베이루트에 흩어져 있는 내 젊은 날의 벗들이여, 만일 그대들이 소나무숲 근처에 있는 공동묘지 곁을 지나치게 된다면, 부디 침묵을 지켜다오. 행여 그대들의 쿵쾅거리는 발소리가 내 죽은 연인의 잠을 방해하지 않도록 천천히 걸어가다오. 그리고 셀마의 무덤 앞에 공손히 고개숙여, 그 아름다운 주검을 에워싸고 있는 대지에 경배하기를. 그런 다음 깊은 한숨에 담긴 내 이름을 말하고 그대들이 나를 대신해 말해주오. "멀리 바다 건너 사랑의 포로가 되어 살고 있는 칼릴 지브란의 온 희망이 이곳에 묻혀 있노라. 바로 이 장소에서 그는 인생의 행복을 잃었고, 그리하여 이젠 눈물도 말라버렸으며 웃음도 사라졌노라"고.

그 무덤가에서 지브란의 슬픔은 사이프러스 나무들과 함께 자라고, 그의 영혼은 밤마다 구슬프게 윙윙대는 나뭇가지와 어울려 셀마의 죽음을 목메어 애도하면서 하염없이 눈물짓는다. 바로 어제까지만 해도 삶의 입술에서 울리는 아름다운 가락이었으나, 오늘은 말 없는 비밀이 되어 저 대지의 가슴 깊이 묻힌 셀마를 추모하면서.

오오, 젊은 날의 내 친구들이여! 내 사랑하는 연인의 잊혀진 무덤에 그대들이 사랑했던 처녀들의 이름으로 꽃다발이라도 놓아다오. 그대들이 셀마의 무덤 위에 얹어준 꽃들은 마치 새벽의 눈으로부터 시든 장미꽃 위에 떨어져 내리는 이슬방울과도 같으리라.

머리글
113

침묵하는 슬픔

　나의 벗들이여, 그대들은 청춘의 활기찬 순간을 즐거운 마음으로 추억하고 그 한 시절이 지나감을 탄식한다. 그러나 나는 마치 한때 감옥에 갇혔던 사람이 쇠창살과 수갑을 떠올리듯 내 청춘을 기억한다. 그대들은 유년기와 청년기 사이의 이 시절을 부모의 속박과 간섭으로부터 벗어나는 인생의 황금기처럼 말한다. 그렇지만 나는 이 시기를 말없는 슬픔의 시기라 부른다. 한 알의 씨앗이 내 가슴속에 떨어지고 그것이 점점 자라서 마침내 사랑의 이름으로 굳게 잠긴 마음의 문을 열어 그 깊은 구석을 비춰줄 때까지, 나는 지식과 지혜의 세계로 통하는 어떤 출구도 발견할 수 없었다. 사랑은 내게 말과 눈물을 가르쳤다.
　그대들 내 청춘의 동포들이여, 그대들은 저 티 없이 순수한 나날 사랑의 밀어를 속삭이던 정원이며 과수원, 그리고 연인과 만나고 헤어졌던 그 모든 장소와 길모퉁이들을 기억하리라. 나 또한 레바논 북쪽의 아름다운 마을을 기억한다. 언제나 신비와 위엄에 가득 찬 계곡들이며, 마치 하늘에 닿기라도 할 듯 영광과 장엄함으로 뒤덮인 산들이 눈감으면 떠오르곤 한다. 떠들썩한 도시에 질린 귀를 막으면 시냇물의 속삭임과 작은 나뭇가지들이 살랑거리는 소리가 들려온다. 나는 마치 어린아이가 어머니의 품을 그리워하듯 그 시절을 갈망하는데도, 이 모든 아름다움은 청춘의 암흑 속에 갇혀 있다. 그리하여 상처 입은 내 영혼은 드넓은 하늘을 자유로이 날아다니는 새떼를 고통스럽게 바라보며 새장 속에 갇혀 있는 한 마리 새와 같다. 그 아름다운 계곡과 골짜기는 내 상상력에 불을 지폈지만 그보다 더욱 비통한 상념이 내 영혼을 절망의 그물로 둘러쌌던 것이다.

들판에 나갈 때마다 커다란 실망감이 엄습해오곤 했다. 나는 그 실망의 이유가 무엇인지 이해하지도 못한 채 잿빛 하늘을 바라보며 가슴이 조여드는 답답함을 느꼈으며, 귀를 기울일 때마다 까닭 없는 괴로움에 사로잡히곤 했다. 흔히 천진난만함은 인간을 공허하게 만들고, 이 공허함이 그를 태평스럽게 만든다고도 한다. 아마도 처음부터 죽은 영혼을 갖고 태어나 시체처럼 무의미한 삶을 살아가는 사람들에겐 그 말이 진실처럼 느껴질지 모른다. 그러나 가슴으로 느끼는 것은 많지만 아는 것은 거의 없는 감수성이 예민한 나그네는 태양 아래 가장 불행한 피조물이다. 그는 두 개의 힘에 의해 갈기갈기 찢겨진다. 첫 번째 힘은 그에게 몽상의 구름을 통해 존재의 아름다움을 보여주지만, 두 번째 힘은 그를 철저히 이 세상에 묶어두고 공포와 암흑으로 그를 짓눌러버린다.

고독은 비단결처럼 부드러운 손을 갖고 있으나 그 매서운 손가락으로 가슴을 움켜잡아 우리를 한없이 고통스럽게 만든다. 고독은 정신을 북돋우는 길동무인 동시에 슬픔의 반려자이기도 한 것이다.

슬픔에 지친 소년의 영혼은 이제 막 꽃봉오리를 피워낸 흰 백합과도 같다. 산들바람에도 몸을 떨고, 새벽빛에 잠시 봉오리를 열었다가도 어둠의 그림자가 깃들면 이내 그 꽃잎을 닫

아버리는. 만일 그 소년이 친구나 적당한 장난감을 찾지 못했다면 그의 삶은 마치 거미줄에 걸려든 곤충처럼 하나의 좁다란 감옥 안에 멈추고 말게 될 것이다.

젊은 날 나를 휘어잡았던 슬픔은 오락의 결핍에서 온 것이 아니었다. 친구들이 모자라서 그런 것도 아니었다. 내 주변에는 장난감이며 친구들이 얼마든지 있었으니까. 슬픔은 나로 하여금 고독을 사랑하게 만든 마음의 병 때문에 생겨난 것이었다. 그것은 내 안에 있던 오락에 대한 취미를 사라지게 했고, 내 어깨에서 청춘의 날개를 꺾어버렸다. 나는 산 가운데 놓인 연못처럼 외로운 삶을 살아야 했다. 고요한 연못 물 위엔 유령의 그림자처럼 갖가지 형상의 구름과 나무들이 투영되었지만 그 어디에도 바다로 흘러가는 출구는 보이지 않았다.

이것이 바로 열여덟 살이 되기 전의 내 삶이었다. 열여덟, 그것은 내 인생에서 우뚝 솟은 하나의 산꼭대기 같은 것이다. 이 시기는 나로 하여금 비로소 인간의 탄생과 죽음에 대한 한 가지 진리를 이해하게 만들었기 때문이다. 바로 그 해에 나는 한 인간이 거듭나지 않는다면 그의 삶은 생존의 책에서 한 장의 백지처럼 의미 없이 남으리라는 깨달음을 얻었다. 바로 그 해에 나는 한 아름다운 여성의 눈을 통해 나를 바라보는 천사들을 볼 수 있었다. 또 사악하기 짝이 없는 한 사내의 가슴속에서 미쳐 날뛰는 지옥의 악마들도 보았다. 삶은 아름답고도 악의(惡意)로 가득 찬 모순투성이였다. 그 속에서 천사와 악마를 보지 못하는 사람은 결코 인생의 참모습도 깨닫지 못하리라. 그리고 사랑이 메마른 그의 영혼은 텅 빈 동굴과 같으리라.

부러진 날개

침묵하는 슬픔

운명의 손길

눈부시게 아름다웠던 그 해 봄, 나는 베이루트에 있었다. 땅 속에 감춰두었던 비밀을 천상에 드러내 보이려는 듯 세상의 정원들은 꽃들로 가득 차고 4월의 대지는 모두 초록 풀밭이었다. 어쩌면 시인에게 영감을 주기 위해 자연이 보내준 천사처럼, 사과 나무와 오렌지 나무는 향기 그윽한 꽃으로 그 우아한 자태를 뽐내고 있었다.

봄은 어느 곳이나 아름답지만 레바논의 봄은 더 아름답다. 봄은 대지 위를 떠돌아다니는 정령, 예언자들과 대화를 나누고, 강물과 함께 노래하며, 성스러운 삼나무와 옛 추억들을 되뇌면서 아름다운 레바논의 하늘을 향기롭게 수놓는다. 먼지가 말끔히 가신 봄날의 베이루트는 신부처럼 화사한 아름다움을 갖고 있다. 혹은 시냇가에 앉아 태양빛에 자신의 매끈한 피부를 말리고 있는 인어처럼 싱그럽고 발랄하다.

4월 어느 날, 나는 이 아름다운 도시로부터 조금 떨어진 곳에 있는 친구의 집을 방문했다. 친구와 얘기를 나누고 있는데 65세 쯤 돼 보이는 한 노인이 집안으로 들어왔다. 무척 근엄하게 생긴 노인이었다. 나는 그에게 인사하려고 자리에서 일어섰다. 내 친구는 그 노인의 성함이 패리스 에판디 카라미라고 내게 소개하고는 그에게도 나를 추어올리며 인사를 시켜주었다. 노인은 어떤 기억을 되살리기라도 하듯 손가락 끝으로 이마를 문지르면서 잠시 나를 바라보았다. 그런 다음 마침내 그는 나를 바라보며 엷게 웃으면서 말했다.

"자넨 바로 내 절친한 친구 아들이구먼. 생김새도 무척 닮았어. 이렇게 반가울 수가!"

그 순간부터 나는, 마치 태풍이 오기 전 본능적으로 자기 둥지로 돌아가 안전하게 몸을 피하는 새처럼 노인에게 마음이 이끌리는 것을 느꼈다. 노인은 아버지와 함께한 시절을 회상하며 우리에게 두 분의 우정에 대해 이야기 해주었다. 노인들은 이방인이 고국에 대한 향수로 애태우듯이 젊은 시절의 추억에 잠기기를 좋아하는 법이다. 그는 자부심에 들떠 자작시를 낭송하는 시인처럼 조금 흥분한 말투로 지난날의 이야기를 들려주었다. 그는 여전히 과거에 머물러 있는 것 같았다. 어차피 현재란 후딱 지나가버리는 것이고 미래란 망각의 무덤을 향해 가까이 가는 과정일 뿐이다. 패리스 에판디님은 헤어지기 전 내 어깨를 다독거리며 다정하게 속삭였다.

"자네 아버지를 못 본 지도 20년이나 되었네. 자네라도 자주 우리 집에 와서 나를 기쁘게 해주게."

나는 아버지의 절친한 친구분을 위해서 기꺼이 도리를 다하겠다고 약속했다.

노인이 떠나간 뒤 나는 그에 대한 이야기를 좀더 자세히 해달라고 친구를 졸랐다. 친구는 내게 이런 말을 들려주었다.

"부유한 삶이 사람을 친절하게 만들고 그 친절함이 또한 사람을 풍요롭게 한다는 진리를 나는 그분을 통해서 배웠다네. 아마 그는 이 세상에 태어나 어떤 사람에게도 해를 입히지 않은 몇 안 되는 인물에 속할 걸세. 한데 불행하게도 이런 사람들은 다른 이들이 꾸민 간계에 속아 넘어가지 않을 만큼 영악

하지 못하다네. 그런 이유로 남에게 핍박을 당하거나 고통 받는 삶을 살아가지. 패리스 에판디님에겐 딸이 하나 있는데 그녀 또한 성품이 아버지를 빼닮았다네. 그녀는 정말 아름답고 착한 마음씨를 가졌지. 하지만 그녀 또한 불행해질 거야. 왜냐하면 아버지의 천성이 이미 그녀를 무시무시한 낭떠러지로 몰아가고 있기 때문이지."

여기까지 말했을 때, 그의 낯빛이 어두워지는 것을 나는 놓치지 않고 보았다.

"패리스 에판디님은 고귀한 성품을 지닌 선량한 노인이지만 마음이 몹시 약하다네. 사람들은 바로 그 점을 이용해서 자기들 마음대로 그를 움직이려 한단 말일세. 그분 따님은 세상 누구보다도 영특하지만 아버지의 말이라면 무조건 순종하고 있는데, 이건 이 부녀 사이의 생활 속에 숨겨진 비밀이야.

그런데 이 비밀을 한 사악한 인간이 눈치채고 말았다네. 그는 복음을 전한다는 핑계로 교묘하게 제 욕심만 채우는 비뚤어진 종교인이지. 사람들 앞에서 그는 스스로 친절하고 고결한 주교인 듯 행세하고 있다네. 결국 종교를 숭상하는 이 땅의 사람들은 아무 의심 없이 그에게 복종하고 그를 숭배하게 되었지. 이 주교는 마치 도살장으로 양떼를 끌고 가듯 사람들을 나쁜 길로 인도하고 있다네. 주교에겐 가증스럽고 타락한 욕심 많은 조카가 하나 있는데, 조만간 그는 주교의 오른팔 역할을 맡을 걸세. 주교는 바로 그자와 패리스 에판디님의 따님을 결혼시킬 음모를 꾸미고 있어. 그 사악한 손으로 순결한 처녀와 음탕한 패륜아를 하나로 맺는 꽃다발을 걸어주겠지. 그야말로 태양의 심장을 밤의 가슴에 내맡기는 꼴이라네. 패리스 에판디님과 그의 따님에 대해 내가 알고 있는 얘기란 이게 전부일세. 그러니 더 이상 묻지 말아주게."
 말을 마친 뒤 그는 고개를 창 쪽으로 돌렸다. 그 모습이 마치 먼 우주에서 인간 존재의 문제에 대한 해법을 찾아내려는 것처럼 느껴졌다.
 나는 친구의 집을 나서면서, 패리스 에판디님과의 약속을 지키기 위해 며칠 안에 그분을 찾아뵐 것이라 친구에게 말했다. 한순간 그는 나를 조용한 눈길로 바라보았다. 그 눈길은 내 말에서 어떤 새로운 영감을 얻기라도 했다는 듯 의미심장한 빛을 띠고 있었다. 그것은 참으로 묘한 시선이었다. 아무도 점칠 수 없는 미래를 예견하는 예언자의 눈길을 떠올리게 하는 사랑과 자비와 공포의 시선. 이윽고 그의 입술이 살짝 떨리면서 곧 무슨 말이 튀어나올 것만 같았다. 그러나 내가 문을 향해 발걸음을 떼자 그는 아무 말도 하지 않았다. 그 묘한 표정은 줄곧 나를 따라다녔다. 내가 그 의미를 완전히 이해하기까지는 인간의 마음을 꿰뚫어볼 수 있는 직관과 영혼의 지식을 쌓는, 참으로 오랜 경험과 시간이 필요했다.

성스러운 그곳의 문지방

　친구의 집을 방문하고 돌아온 뒤 며칠 동안 나는 왠지 모를 외로움에 사로잡혀 견딜 수 없었다. 게다가 나는 읽어야 할 책들의 겉표지만 보아도 그만 질려버리곤 했다. 나는 마차를 한 대 빌려 패리스 에판디님의 집으로 향했다. 여기저기 봄나들이를 나온 사람들로 꽉 들어찬 소나무숲에 다다르자 마부는 길 양쪽 버드나무들이 죽 늘어선 샛길로 마차를 몰았다. 곧이어 마차는 초록빛 풀밭과 포도나무, 그리고 이제 막 피어나는 갖가지 빛깔의 꽃밭을 지나쳐 갔다.
　잠시 뒤 마차는 아름다운 정원 한가운데 있는 외딴집 앞에 멈춰 섰다. 장미꽃과 치자꽃, 그리고 재스민 향이 진하게 풍겨왔다. 내가 마차에서 내려 널따란 정원으로 들어섰을 때 패리스 에판디가 마중나왔다. 그는 진심으로 나를 반갑게 맞아 집안으로 데리고 들어갔다. 그리고 마치 친자식을 대하듯 곁에 앉아서 나의 학교생활과 미래 문제에 대해 이것저것을 물었다. 나는 진지하게 그 물음에 답했다. 그때만 해도 나는 희망에 부푼 꿈의 고요한 바다를 항해하는 야심찬 모험가였다. 바로 그때 흰 비단 덧옷을 걸친 한 아름다운 젊은 여인이 벨벳 커튼 뒤에서 나타나 우리 쪽으로 걸어왔다. 패리스 에판디님과 나는 자리에서 일어섰다.
　"내 딸 셀마라네."

성스러운 그곳의 문지방

노인은 그녀를 나에게 소개한 다음 딸에게 이렇게 덧붙였다.
"살다보니 이렇게 기쁜 날도 있구나. 애야, 이 젊은이는 내 절친한 옛 친구의 아들이란다."

셀마는 자기 집에 손님이 찾아왔다는 것이 믿기지 않는다는 듯 잠시 나를 뚫어지게 쳐다보았다. 백합처럼 희고 아름다운 그녀의 손에 내 눈길이 닿았을 때 야릇한 아픔이 느껴졌다.

우리는 셀마가 마치 침묵의 성령(聖靈)을 방 안으로 데리고 오기라도 한 것처럼 잠시 묵묵히 앉아 있었다. 먼저 침묵을 깬 것은 셀마였다. 그녀는 내게 미소지으며 말했다.

"아버지께서 제게 젊은 시절 당신 아버님과 함께 한 얘기를 자주 들려주셨어요. 만약 당신 아버님께서도 같은 얘길 하셨다면 우린 처음 만남이 아닌 셈이죠."

노인은 자기 딸이 이런 식으로 말하는 게 몹시 흐뭇한 눈치였다.

"셀마는 무척 감상적이라네. 이 애는 영혼의 눈을 통해 모든 사물을 보지."

그는 마치 추억의 날개 위에 그를 태우고 과거로 데려다주는 마법에라도 걸린 듯 내 얼굴을 꿈꾸듯이 바라보며 끝도 없는 이야기를 늘어놓았다.

나 또한 먼 뒷날 내가 이 노인처럼 늙었을 때를 상상하며 진지하게 귀를 기울였다. 노인은 마치 폭풍우에도 쓰러지지 않고 꿋꿋이 견뎌온 우뚝 솟은 고목과 같은 표정으로, 또는 어린 나무에 쏟아지는 햇살처럼 그윽한 눈길로 나를 보았다.

하지만 셀마는 말이 없었다. 이따금 나와 노인을 번갈아 바라보기만 할 뿐이었다. 마치 인생이라는 드라마의 첫 장(章)과 마지막 장을 읽는 것처럼. 정원에서의 하루는 빠르게 지나갔다. 나는 유리창을 통해 저녁노을이 황금빛으로 퍼지면서 레바논 산들에 입 맞추는 광경을 볼 수 있었다. 패리스 에판디님의 경험담은 이어졌다. 나는 끝까지 성의 있게 그 이야기를 들어주었다. 자신의 이야기에 귀 기울여주는 누군가가 있다는 것만으로도 노인의 슬픔은 행복으로 바뀌는 듯했다.

셀마는 아무 말도 없이 슬픔이 가득한 눈길로 우리를 바라보며 창가에 앉아 있었다. 그녀는 입술에서 흘러나오는 소리보다 훨씬 더 숭고한 언어를 갖고 있었다. 그것은 모든 인류에 소통되는 영구적인 언어—잔잔한 호수의 깊은 바닥에서 길어올린 듯한 침묵의 언어였다.

오로지 영혼만이 아름다움을 이해할 수 있으며, 아름다움과 함께 살아가고 자라날 수 있다. 아름다움이란 인간의 언어로는 마땅히 묘사할 수 없는 것이다. 아름다움은 보통 사람의 눈으론 볼 수 없다. 그것은 깨달은 자와 존경 받는 자에게서 우러나는 것이기 때문이다. 진정한 아름다움이란 영혼의 성전에서 나오는 한 줄기 빛과 같다. 그것은 땅 속 깊은 곳에서 솟아나와 한 송이 꽃에 온갖 빛깔과 향기를 주는 생명과도 같이 인간의 존재를 빛나게 해준다.

참된 아름다움은 한 남자와 한 여자가 만든 사랑이라는 영혼의 하나됨 속에 깃드는 것이다.

나의 영혼과 셀마의 영혼은 우리가 처음 만났던 바로 그 날 서로에게 닿았던 것이 아닐까? 나는 왜 그녀를 태양 아래 가장 아름다운 여인으로 믿게 되었던가? 아마 존재한 적 없는 대상을 그리워하며 청춘의 술에 취해 있었던 것일까?

청춘이 내 눈을 멀게 하여 그녀의 눈빛과 그 감미로운 입술, 그토록 우아한 자태를 상상하게 만들었던 것일까? 혹은 그녀의 빛나는 아름다움이 닫혔던 내 눈을 열어 사랑의 행복과 슬픔을 보여준 것일까?

지금으로선 정확한 답을 찾기가 어렵다. 하지만 내가 진심으로 말할 수 있는 것은, 그때 나는 이전엔 결코 느껴본 적 없는 감동을 맛보았다는 사실이다. 내 가슴에 고요히 깃드는 새로운 느낌은 바로 누군가를 간절히 원하는 사랑의 그 감정이었다. 마치 천지창조 때 바다를 떠돌아다닌 영혼처럼 나는 그 낯선 느낌의 언저리를 어슬렁거렸다. 바로 그러한 연모의 정으로부터 나의 행복과 슬픔이 시작된 것이다. 셀마와의 첫 만남은 이렇게 끝을 맺었다. 또 그렇게 해서 결국 나는 어린 시절의 구속과 고독에서 풀려났고, 그와 함께 사랑의 행로에 들어서는 첫걸음을 떼게 되었다.

오직 사랑만이 이 세상 하나뿐인 자유의 길이다. 그것은 우리 영혼을 북돋아 마침내 인간의 법률이나 자연 현상조차도 그 나아갈 길을 바꾸게 하지 못하기 때문이다.

내가 떠나려고 자리에서 일어섰을 때 패리스 에판디님이 가까이 다가와 말했다.

"내 아들아, 이 집에 오는 길을 알았으니 이제는 자네 아버지를 보러 오듯 자주 찾아주게. 그리고 셀마를 누이로 생각하게나."

그는 마치 자기 말에 대한 동의를 구하듯이 셀마를 돌아보았다. 셀마가 고개를 끄덕였다. 그러고는 마치 오랜 친구를 대하듯 나를 바라보았다.

이로써 패리스 에판디 카라미님은 그의 딸과 나를 사랑의 제단 위에 나란히 세워준 셈이었다. 그의 입에서 흘러나온 말들은 환희와 함께 시작해 슬픔으로 끝나버리는 천상의 노래였다. 그것은 그녀와 나의 영혼을 타오르는 불꽃의 왕국에까지 솟구쳐 오르게 하는 노래였지만 그와 함께 행복과 고통으로 빚은 술잔을 안겨주기도 했던 까닭이다.

  나는 그 집을 떠났다. 노인은 대문 밖까지 나를 배웅해주었다. 아름다운 정원을 걸어 나오는 동안 내 가슴은 마치 목마른 사람의 입술이 떨리듯 심하게 고동치고 있었다.

하얀 불꽃

4월은 거의 꿈처럼 지나갔다. 나는 처음 방문을 하고나서 그 뒤 수시로 패리스 에판디님의 집 대문을 두드렸다. 정원에서 셀마를 만나 그녀의 아름다움과 지성에 경탄하며 슬픔에 찬 침묵에 귀기울였다. 어떤 보이지 않는 손이 그녀에게로 나를 한없이 이끌어가고 있는 것만 같았다.

만남을 거듭할 때마다 나는 그녀의 감미로운 영혼 속에서 새로운 아름다움을 발견했다. 마침내 영혼의 한 장 한 장은 내가 구절구절 읽고 찬양하는 한 권의 책이 되었다. 나는 그 책을 손에서 놓을 수 없었다. 신이 그 영혼과 육신에 아름다움의 날개를 달아준 여인은 드러나며 감춰진 하나의 진리였다. 오직 사랑으로 그것을 이해할 수 있고 미덕으로써만 그것을 느낄 수 있는 것이다. 그러므로 내가 셀마라는 여인의 아름다움을 아무리 설명하려 애써도 그 실체는 여전히 장막에 싸여 있었다.

셀마 카라미는 육신과 영혼의 아름다움을 완벽하게 모두 갖고 있었다. 하지만 그녀를 한 번도 본 적 없는 사람에게 무슨 수로 그녀를 설명할 것인가? 과연 죽은 이가 나이팅게일의 노래와 장미 향기, 시냇물의 한숨을 기억할 수 있을까? 무거운 족쇄로 팔다리가 짓눌린 죄수가 새벽의 미풍을 느낄 수 있을까? 셀마의 반짝이는 빛깔을 완벽하게 표현하려면 어떻게 말

부러진 날개

하얀 불꽃

해야 할까? 과연 평범한 말로 그것을 묘사할 수 있을까?

셀마는 하얀 비단 옷을 입고 창문으로 스며든 달빛처럼 우아하게 정원을 거닐었다. 마치 바람결에 하늘거리는 꽃잎에서 떨어지는 이슬방울처럼, 그녀의 입술에서 흘러나오는 말들은 나지막하고도 은은하게 울려 퍼졌다.

처음엔 깊은 내면의 슬픔을 내보이다가는 어느 새 천상의 환희를 잇따라 되비추는 그 신비로운 얼굴을 어떻게 설명할 수 있을까.

셀마의 얼굴이 지닌 아름다움은 고전적인 것만이 아니었다. 그것은 화가의 붓이나 조각가의 끌로선 도저히 흉내낼 수도, 베껴 그릴 수도 없는 마치 꿈의 계시 같은 그런 것이었다. 셀마의 아름다움은 그녀의 금발에 있는 게 아니라 그것을 에워싸고 있는 순결의 미덕에 있었다. 또한 그것은 그녀의 커다란 두 눈이 아니라 그 눈에서 뿜어 나오는 빛에, 붉은 입술이 아니라 거기서 흘러나오는 감미로운 언어에, 그 상앗빛 고운 피부가 아니라 다소곳한 고갯짓 속에 있었다. 아름다움은 그녀의 겉모습에 있는 것이 아니라 하늘과 땅 사이에서 하얗게 타오르는 불꽃처럼 고귀한 영혼 속에 있던 것이다. 그녀의 아름다움은 마치 시(詩)의 축복과도 같았다. 영혼은 더없이 높은 곳으로 오르는데도 여전히 눈물의 육신에 갇힌 불행한 사람들에 대해, 시인들은 노래 부른다.

셀마는 늘 말없이 하루 내내 깊은 생각에 잠겨 있었다. 그녀의 침묵은 마치 음악처럼 흘러 함께 있는 사람을 꿈꾸게 했으며, 또는 그로 하여금 자신의 심장 고동 소리에 귀 기울이게 했다. 그 말없는 두 줄기 시선으로 그녀는 자기 앞에 있는 사람을 조용히 바라보며, 그의 내면 아주 작은 부분까지 들여다보았다.

  셀마는 평생에 걸쳐 깊은 슬픔의 덮개를 쓰고 있었다. 그런데 이것은 오히려 그녀의 신비한 아름다움과 기품을 더해주었다. 마치 꽃이 활짝 핀 나무가 새벽 안개 속에서 더욱 아름다운 것처럼.

  슬픔은 그녀와 나의 영혼을 하나의 고리로 이어주었다. 우리는 상대의 얼굴 속에서 서로의 심장이 느끼는 바를 읽을 수 있었고, 숨겨진 메아리를 들을 수 있었다. 그리하여 신(神)은 두 개의 육신을 하나로 만들었으니 이별은 곧 죽음과도 같은 고통일 뿐이었다.

  슬픔에 잠긴 영혼은 자기를 닮은 영혼과 하나될 때 비로소 안식을 얻는다. 사랑은 두 개의 영혼을 하나로 만든다. 마치 이방인이 낯선 땅에서 또 한 사람의 이방인을 만났을 때 용기를 얻는 것처럼, 슬픔의 한가운데서 솟아 하나가 된 영혼은 행복이라는 영광으로 굳게 맺어지는 것이다.

  눈물로 씻겨진 사랑은 순결한 아름다움으로 영원히 남아 있으리.

태풍

어느 날, 패리스 에판디님은 나를 저녁 식사에 초대했다. 나는 기꺼이 초대에 응했다. 실제로 내 영혼은 신(神)이 셀마의 손에 쥐어준 성스러운 빵에 굶주려 있었다. 그 빵은 먹으면 먹을수록 더욱더 갈망하게 되는 정열의 양식이었다. 저 아라비아의 시인 카이스와 단테, 사포도 이 빵을 맛본 뒤 가슴에 불이 붙지 않았던가. 그야말로 입맞춤의 달콤함과 눈물의 비통함을 함께 맛보게 하는 바로 그런 빵인 것이다.

그분 집에 다다랐을 때, 나는 나무에 머리를 기댄 채 정원 벤치에 앉아 있는 셀마를 보았다. 흰 비단 옷을 휘감은 그녀는 수줍은 신부처럼, 혹은 그곳을 지키고 있는 파수꾼처럼 꼼짝도 않고 있었다.

나는 말없이 경건한 자세로 그녀에게 다가가 그 옆에 앉았다. 아무 말도 할 수가 없었다. 나는 심장의 유일한 언어인 침묵에 기댈 수밖에 없었다. 그러나 셀마가 나의 말없는 호소에 귀기울여, 내 눈에 깃든 영혼의 갈망을 눈치채고 있음을 느낄 수 있었다.

노인은 언제나처럼 나를 반겨주었다. 그가 내게 손을 내밀 때마다 나는 그 몸짓이 우리 둘만의 비밀스런 결합을 축복하고 있는 것처럼 느껴졌다. 그가 말했다.

"음식이 준비되었으니 얘들아, 식탁으로 가자꾸나."

부러진 날개

태풍

우린 일어나 그를 따랐다. 이럴 때면 셀마의 두 눈이 빛났다. 그녀의 아버지가 우리를 '애들아' 하고 불러준 것만으로도 그녀의 사랑에 또 하나의 새로운 감정이 덧붙여진 것이리라.

우리는 식탁에 앉아 오래된 포도주를 마시며 즐겁게 식사를 했다. 하지만 우리의 영혼은 아득히 먼 세계에 있었다. 우리는 미래와, 그것이 가져다줄 쓰라린 고통을 막연히 두려워하고 있었다.

세 사람은 저마다 다른 생각에 잠겨 있었지만 사랑으로 하나가 되어 있었다. 감정은 풍부하나 세상 살아가는 법에 대해선 무지한 세 사람. 곧 사랑하는 딸의 행복을 위해 마음 졸이는 한 노인과, 불안스레 미래를 내다보는 스무 살 난 젊은 처녀, 그리고 삶의 단맛도 쓴맛도 모른 채 사랑과 지식의 절정에 닿으려 애쓰는 근심 많은 청년이 모여 한 편의 연극이 공연되고 있던 것이다. 우리 세 사람은 저녁노을이 질 때까지 한가롭게 먹고 마시고 있었지만, 저마다 손에 쥔 술잔 밑바닥에는 남모르는 슬픔과 괴로움이 깔려 있었다.

식사를 마쳤을 때 하녀가 들어와 손님이 찾아왔다고 전했다.

"누구냐?"

노인은 물었다.

"주교님의 심부름꾼입니다."

하녀가 대답했다. 패리스 에판디님은 마치 예언자와도 같이 자기 딸을 빤히 바라보았다. 잠시 침묵이 흘렀다. 이윽고 그가 하녀에게 말했다.

"그 사람을 들여보내."

하녀가 나가고 동양식 복장에 콧수염이 덥수룩한 한 남자가 들어왔다.

"주교님께서 중대히 나눌 말씀이 있어 당신을 모셔오라는 분부십니다. 마차에 오르시지요."

노인의 얼굴에 곧 그늘이 졌다. 그는 뭔가 골똘히 생각한 뒤 속삭이는 듯한 말투로 내게 말했다.

"내가 돌아올 때까지 이곳에 있어주게. 자네가 말동무가 되어주면 셀마가 덜 외로워할 걸세."

노인은 셀마에게 고개를 돌려 그녀의 동의를 구했다. 그녀의 뺨은 붉게 물들었다. 그리고 그녀는 그 어떤 음악보다도 더 달콤한 목소리로 노인에게 대답했다.

"우리 집 손님을 즐겁게 해드리기 위해 최선을 다하겠어요, 아버지."

셀마는 아버지를 태운 마차가 눈앞에서 사라질 때까지 대문 밖에 서 있었다. 그런 다음 집 안으로 들어와 녹색 비단으로 덮개를 씌운 소파에 앉았다. 그 모습이 마치 새벽녘 초록빛 풀밭에서 고개 숙인 한 송이 백합과도 같았다. 나무로 에워싸인 셀마의 아름다운 집에 그녀와 내가 단둘이 있게 된 것은 정녕 하늘의 뜻이었다. 침묵과 사랑, 아름다움이 우리의 공간을 가득 채워주고 있었다.

우리는 둘 다 말이 없었다. 둘 다 서로가 먼저 말하기를 기다렸을 것이다. 하지만 말이란 것이 서로의 영혼을 이해하는 유일한 방법은 아니다. 우리의 마음을 한데 모으기 위해 반드시 말이 필요한 것은 아니었다.

우리에게는 말보다 더욱 위대하고 순수한 것이 있었다. 침묵은 그녀와 내 영혼을 비춰 서로의 가슴으로 우리를 이끌어주는 것이다. 또한 우리를 우리 자신으로부터 떼어놓아 영혼의 창공을 항해하도록 하고 마침내 천국을 경험하게 한다. 그리하여 우리는 육체란 감옥과 다를 게 없다고 이 세계는 유형지에 지나지 않다는 걸 깨닫는다.

셀마의 두 눈은 그 가슴의 비밀을 드러낼 듯 투명하게 빛났다. 이윽고 그녀는 조용히 입을 열었다.

"정원으로 나가요. 나무 아래 앉아 산 너머로 떠오르는 달을 구경해요."

나는 그녀의 뜻대로 자리에서 일어섰지만 속으로는 망설였다.

"달이 떠올라 정원을 비춰줄 때까지 여기서 좀더 있는 게 어떨까요?"

나는 이렇게 덧붙였다.

"어두워서 지금은 아무것도 볼 수 없을 텐데."

"어둠이 나무와 꽃을 가려 볼 수 없게 할지라도 우리 가슴 속의 사랑까지 가리진 못할 거예요."

말을 마친 그녀는 창 밖으로 눈길을 돌렸다. 나는 그녀의 말 한 마디 한 마디를 곰곰이 되새기며 침묵을 지켰다. 그러자 그녀는 순간적으로 자기가 한 말을 주워담고 싶어하는 표정이 되었다. 마치 자신의 두 눈으로 내 기억을 지우려는 듯 나를 지그시 바라보는 것이었다. 그러나 그녀의 눈빛은, 방금 전에 들은 말을 잊게 하기는커녕 오히려 더욱 선명하고 절실하게 내 가슴속 깊이 그 감미로운 말들을 새겨줄 뿐이었다.

세상 모든 아름다움과 위대함은 오로지 한 인간의 내면에서 우러나는 단 한 번의 감동에 의해 탄생하는 것이다. 오늘날 우리를 풍요롭게 하는 지난 세대의 모든 업적도 그것이 창조되기 전에는 한 남자나 한 여자의 마음속에 깃든 생각, 혹은 어떤 충동에 지나지 않았다. 그토록 많은 피를 흘려 제국을 멸망케 한 전쟁도 결국 이 땅에 살았던 한 인간의 생각에서 비롯되었다. 인간을 더욱 자유로운 존재로 진보시킨 저 위대한 혁명도 결국은 한 개인의 사고에서 나온 것이었다. 인류의 행로를 바꾸어놓은 대단한 발견도 결국은 한 남자의 이상에서 나온 것이었다. 단 한 번의 생각이 그 거대한 피라미드를 지었고 이슬람의 영광을 이루었으며 학문의 도시 알렉산드리아의 도서관을 불태운 것이다.

그대 또한 한밤중 문득 떠오른 어떤 생각이 그대를 영광스럽게 높여줄 수도 있고, 아니면 정신병원으로 끌려가는 까닭이 될 수도 있으리라. 단 한순간 여인의 눈짓이 그대를 세상에서 가장 행복한 남자로 만들 수도 있다. 또는 한 사람의 입에서 흘러나온 한마디가 그대를 부자로 만들거나 가난뱅이로 만들 수도 있으리라.

그날 밤 셀마의 입에서 나온 한마디의 말이 그랬다. 그것은 마치 바다 한 가운데에 닻을 내린 한 척의 배와 같이 과거와 미래 사이에 나를 데려다 놓았다. 다시 말하자면, 그 말은 고독에 싸여 잠들었던 내 청춘을 깨워 인생의 무대 위에 올려놓았던 것이다.

부드러운 바람엔 은은한 꽃향기가 섞여 있었다. 우리는 재스민나무 곁 벤치에 말없이 앉아 있었다. 파란 하늘 저편 어딘가에서 천상의 눈이 우리들의 연극을 지켜보고 있으리라. 잠자는 자연의 숨소리에 귀기울이는 모습을.

달빛은 해안과 언덕이며 산들을 두루 비추었다. 달빛은 마술을 부리듯 환영과도 같은 계곡 주변의 마을들을 눈앞에 펼쳐 주었다. 우리는 은색 달빛 아래 온통 모습을 드러낸 레바논의 아름다움에 흠뻑 취해 있었다.

서구 시인들은 아담과 이브의 타락 때문에 에덴동산이 사라진 것과 마찬가지로 레바논 역시 다윗과 솔로몬과 선지자들이 떠난 뒤 전설처럼 잊혀진 곳으로 생각하고 있었다. 그들에게 '레바논'이란 단어는 신성한 삼나무의 향내가 물씬 풍기는 굽이치는 산맥을 뜻하는 하나의 시적 표현이 되었다. 레바논은 금빛 사원과 대리석, 또는 계곡에서 한가롭게 풀을 뜯는 양떼의 그림을 떠올리게 하는 단어로써 존재한다. 그날 밤에는 나 또한 꿈결처럼 아름다운 레바논을 시인의 눈으로 바라보았다.

우리 내면에 진짜 아름다움이 있다면, 우리는 사물에 깃든 마법같은 아름다움을 발견할 수 있다. 사물의 겉모습은 보는 사람의 감정에 따라 달라지는 것이므로.

달빛이 셀마의 얼굴과 목덜미를 따라서 온몸을 두루 비출 때, 그녀는 마치 미와 사랑의 여신 이슈타르를 조각해놓은 듯 아름다웠다. 그녀는 조용한 눈길로 나를 바라보며 말했다.

"왜 아무 말도 없으세요? 당신이 어떻게 살아왔는지 제게 들려주시겠어요?"

어색했던 침묵이 그녀의 한마디로 깨져버렸고 내 입에선 절로 말이 흘러 나왔다.

"조금 전에 이 정원으로 나오면서 내가 한 말을 듣지 못했던가요? 당신은 꽃의 속삭임과 침묵의 노래를 들을 줄 아는 영혼을 갖고 있습니다. 그러기에 지금 내 가슴의 외침도 들을 수 있을 겁니다."

그녀는 두 손에 얼굴을 파묻고 떨리는 목소리로 대답했다.

"그래요. 난 지금 듣고 있어요, 당신의 가슴속에서 솟아나오는 우울한 한숨과 심장의 뜨거운 절규를."

나의 과거는 물론이고 현재 내가 살아 있다는 사실조차도 깡그리 잊은 채, 내 가슴속에는 온통 셀마에 대한 생각뿐이었다.

"들어봐요, 셀마. 대기 속에 고동치면서 모든 우주를 온통 떨게 한 이 아름다운 음악소리를."

그녀는 두 눈을 지그시 감았다. 입술 언저리에는 슬픔과 기쁨이 뒤섞인 신비로운 미소가 피어올랐다. 이윽고 그녀가 속삭였다.

"전 이제 알았어요. 하늘보다 높고 바다보다 깊고 삶과 죽음의 시간보다도 더 신비로운 어떤 것이 이 세상엔 존재한다는 걸. 예전에는 상상조차 할 수 없었던 이 놀라운 사실을 말이에요."

그 순간 셀마는 내게 있어 친구보다 소중하고, 누이보다 가깝고, 연인보다 더욱 사랑스러운 존재였다. 그녀는 내 영혼 속에 들어와 감히 거부할 수 없는 하나의 사상이 되었고 아름다운 꿈이 되었다.

사랑은 오랜 사귐과 끈질긴 갈망으로부터 온다는 생각은 그릇된 것이다. 사랑이란 정신적 친화력의 결과물이다. 만약 이 친화력이 한순간에 이루어지지 않는다면 아무리 오랜 세월이 지나도 사랑은 찾아오지 않으리라.

셀마는 고개를 들었다. 그리고 그 깊은 눈망울로 허공을 보며 입을 열었다.

"어제의 당신은 마치 어린 시절부터 나와 함께 자라온 형제와 같았어요. 하지만 지금 나는 우애보다 더욱 신비롭고 감미로운 감정을 느껴요. 내 가슴을 슬픔과 행복으로 가득 채우는 낯선 감정을."

나는 대답했다.

"지금 우리를 뒤흔들어놓는 감정은 달을 대지의 둘레로 이끌고 태양을 신의 주변으로 안내하는 자연의 법칙이라오."

그녀가 내 머리에 손을 얹고 손가락으로 내 머리카락을 쓰다듬었다. 백합꽃 잎사귀에 매달린 이슬방울 같은 눈물이 그녀의 두 눈에 맺혔다. 그러나 그녀는 환한 얼굴로 말했다.

"그 누가 이 이야기를 믿을까요. 지금 이 순간 우리가 이토록 서로에 대해 훤히 알고 있다는 것을 대체 누가 믿을까요?"

말하는 동안 내내 그녀의 손은 내 머리 위에 놓여 있었다. 만일 내 머리 위에 왕관이나 세상 그 어떤 영광의 화환을 얹어준다 해도 그것들보다는 내 머리카락을 어루만지는 부드럽고 아름다운 그녀의 손을 택했으리라.

나는 그녀에게 진실을 말해주었다.

"사람들은 믿지 않을 테죠. 사랑이 계절의 도움 없이 자라고 꽃필 수 있는 유일한 꽃이란 걸 그들은 알지 못하니까요. 하지만 우리를 처음으로 만나게 한 이 4월이 우리를 삶의 지성소(至聖所)에 가둬버렸습니다. 우리의 혼을 맞닿게 하고 온 낮과 밤을 통해 우리로 하여금 서로 포로가 되게 한 것은 신의 뜻이 아니겠어요? 인간의 삶이란 자궁 속에서 시작되는 것도 아니고 무덤 속에서 끝나는 것도 아니랍니다. 달빛과 별들로 가득 찬 저 하늘은 우리의 사랑과 영혼을 지켜줄 것입니다."

그녀가 내 머리카락에서 손을 빼내었다. 밤바람에 뒤섞여 떨리는 전류 같은 것이 내 머리카락 뿌리에서 흘러나오는 것만 같았다. 마치 지성소에서 제단에 입 맞춰 신의 축복을 받은 구도자처럼, 나는 셀마의 손을 잡아 내 뜨거운 입술을 맞추었다. 그 길고 달콤한 입맞춤으로 나는 내 영혼의 온갖 미덕을 일깨워 그녀의 손등 위에 새겨놓았던 것이다.
 그 일 분 일 초는 사랑의 한 해처럼 길었다. 한 시간이 흘렀다. 밤의 침묵 아래 달빛은 교교히 흘렀고 꽃과 나무는 우리에게 사랑 이외의 모든 현실을 깡그리 잊게 만들었다. 그러던 어느 한순간 돌연 말굽소리와 덜그럭거리는 마차 바퀴 소리가 들려왔다. 우리는 꿈처럼 황홀한 상태에서 깨어나 당혹과 비탄의 세계에 다시 섰다. 주교를 만나러 갔던 노인이 돌아온 것이다. 우리는 그를 마중하기 위해 정원을 가로질러 달려나갔다.
 마차가 정원 입구에 이르렀다. 패리스 에판디님은 마차에서 내려 우리에게 천천히 걸어왔다. 마치 무거운 짐이라도 진 듯 구부정하게 허리를 굽힌 모습이었다. 그는 셀마의 어깨에 두 손을 얹고 지긋이 그녀를 바라보았다. 주름진 뺨에선 눈물이 흘러내렸으며 슬픔에 가득 찬 미소를 머금은 입술은 떨고 있었다. 이윽고 그가 목멘 소리로 입을 열었다.
 "셀마야, 이제 곧 너를 내 품에서 떠나보내야 하는구나. 너는 이 한적한 집을 떠나 사교계라는 드넓은 세계로 나아가겠지. 머지않아 이 정원을 걷는 네 발걸음 소리도 듣지 못하겠구나. 넌 이제 출가외인이 되는 거야. 오늘 모든 게 결정나고 말았다. 신이 네게 축복을 내리기를."
 셀마의 얼굴은 마치 사형선고라도 받은 것처럼 어두워졌다. 두 눈은 차갑게 얼어붙었다. 그녀는 마치 총에 맞아 쓰러진 한 마리 새와 같이 바들바들 떨면서 날카롭게 부르짖었다.
 "지금 무슨 말씀을 하시는 거죠? 대체 그게 무슨 뜻이에요? 저를 어디로 보낸다구요?"
 그녀는 아버지의 의중을 꿰뚫으려는 눈초리로 그를 보았다

태풍

가는 덧붙였다.

"알겠어요. 이제야 짐작이 가네요. 주교님이 저를 데려가려는 거죠. 그가 아빠에게서 저를 빼앗아, 날개 부러진 새를 새장에 가두려는 거죠? 하지만 설마 그게 아빠의 뜻은 아니겠죠?"

패리스 에판디님은 깊은 한숨으로 대답을 대신했다. 그는 셀마의 어깨를 다정하게 어루만지며 집 안으로 함께 들어갔다. 한동안 나는 멍하니 정원에 서 있었다. 가을날 나뭇잎들 위로 휘몰아치는 태풍과도 같은 혼란이 밀려왔다. 나는 그들을 따라 거실로 들어갔다. 당황한 모습을 보이지 않으려고 노인과 악수를 한 뒤 내 아름다운 별, 셀마를 바라보았다. 그런 다음 아무런 말도 하지 못한 채 그 집을 나섰다.

정원을 걸어나올 때 뒤에서 나를 부르는 노인의 목소리가 들려왔다. 나는 걸음을 멈추고 몸을 돌렸다. 노인은 마치 죄인처럼 내 손을 잡고 말했다.

"이 늙은이를 용서하게나. 괜한 일로 자네의 저녁을 망쳐놓았네그려. 하지만 부디 날 모른 체 말아주게. 셀마가 떠나고 나면 이 집은 텅 빈 것 같겠지. 그러니 나를 만나러 와주게. 안 그러면 난 너무 외롭고 쓸쓸할걸세. 여보게, 아침이 밤과 만날 수 없듯 젊음과 늙음은 서로 다른 세계에 있겠지. 하지만 자네만은 부디 내가 자네 아버지와 함께 보낸 젊은 시절의 추억을 돌이킬 수 있도록 도와주게. 또, 자네 아니면 누가 내게 세상 돌아가는 얘기를 들려주겠나. 셀마가 떠나고 나면 이 늙은이 혼자 외로이 남겨질 텐데. 자네, 앞으로도 날 찾아와주겠지?"

노인의 넋두리가 이어지는 동안 나는 말없이 그의 손을 잡고 있었다. 내 손등에 그의 따뜻한 눈물이 떨어졌다. 나는 나 자신의 슬픔과 페리스 에판디님을 향한 연민으로 질식할 것만 같았다. 결국 그는 내 눈물을 보고야 말았다. 그는 내 이마에 입을 맞추며 작별인사를 했다.

"가거라, 아들아. 잘 가거라."

노인의 눈물은 젊은이 눈물보다 사람의 마음을 훨씬 아프게 한다. 그 눈물은 기운을 잃어가는 육신에 남아 있는 삶의 찌꺼기인 까닭이다. 젊은이의 눈물은 장미꽃잎에 떨어지는 이슬방울과도 같지만, 노인의 눈물은 겨울이 다가올 무렵 바람에 흩날리는 마른 잎만큼이나 처량한 것이다.

내가 그 집을 떠난 뒤에도 셀마의 목소리는 끊임없이 내 귓전에 울려 퍼졌다. 그녀의 아름다움은 혼령과도 같이 내 곁을 맴돌았다. 그리고 그녀의 아버지가 내 손등에 흘린 눈물은 아주 천천히 말라갔다.

나는 낙원에서 쫓겨난 아담처럼 그 집을 떠났다. 그러나 내 가슴속 이브는 나와 함께 있지 않았다. 그런 이유로 그날 밤 나는 거듭 태어났건만 처음으로 죽음의 얼굴을 보았다.

빛나는 태양은 들판에 생기를 불어넣지만 그 열기로 들판을 말려 죽이기도 하는 것이다.

불의 호수

깜깜한 밤 속에서 인간이 은밀히 꾸미는 모든 일들은 한낮 태양 아래 훤히 드러나는 법이다. 아무리 비밀스러운 속삭임들도 어느 틈엔가 소문처럼 흘러다니리라. 오늘 우리의 침대 맡에서 은밀히 일어나는 모든 일들도 내일이면 만천하에 드러나리라.

그리하여 뷸로스 갈리브 주교가 패리스 에판디 카라미님과 나눈 밀담은 곧바로 온 동네에 쫙 퍼져 마침내 내 귀에까지 들어오게 되었다.

그날 밤 주교가 패리스 에판디님을 불러들였던 이유는 가난한 사람들이나 불쌍한 과부들, 또는 고아들에 관한 문제를 의논하려는 것이 아니었다. 그를 주교의 개인 마차에 태워 데려간 가장 큰 목적은 셀마를 주교의 조카 만수르 베이 갈리브와 약혼시키기 위한 것이었다.

셀마는 패리스 에판디님의 하나뿐인 혈육이었다. 주교가 셀마를 택한 이유는 그녀의 미모나 지성 때문이 아니라 아버지가 가진 막대한 재산 때문이었다.

종교계의 우두머리라는 위인이 스스로 베푸는 것에 만족하지 않고 자기 가족을 권력의 앞잡이로 만들고자 기를 쓴다는 것은 슬픈 일이다. 주교는 종교 지도자에 대한 사람들의 존경심을 이용하여 그의 형제나 조카들에게까지 권력을 퍼뜨

불의 호수

렸다. 그것은 마치 수많은 촉수로 먹이를 낚아채 그 피를 빨아먹는 바다 괴물과도 같은 횡포였다.

주교가 자기 조카를 위해 셀마에게 청혼 했을 때 그녀 아버지가 할 수 있는 대답은 깊은 침묵뿐이었다. 그는 자신의 유일한 혈육을 잃어야 한다는 슬픔에 하염없이 눈물 흘렸다. 그토록 의지하며 살아온 외동딸과 헤어지게 된다면 누구라도 영혼의 전율을 느끼리라.

아들을 결혼시키는 집안은 기쁨에 차지만, 딸을 시집보내야 하는 부모는 깊은 슬픔에 빠진다. 아들은 집안에 또 한 사람의 가족을 데려오지만 딸은 결혼으로써 영원히 가족을 떠나야만 하기 때문이다.

패리스 에판디님은 마지못해 주교의 요청을 받아들였다. 그렇지만 속으로는 결코 이 결혼에 찬성하고 싶지 않았다. 그는 주교의 조카를 너무나 잘 알고 있었다. 그가 위험한 인물이며 형편없이 타락한 인간이라는 사실을 모르는 사람은 없었다.

그러나 레바논에선 누구라도 주교에 맞섰다가는 마음 편히 살아갈 수 없었다. 그런 사람에게는 반드시 잔혹한 보복이 뒤따랐다. 자기 눈이 창에 찔릴 위험에 처한 마당에 그 창에 맞설 수는 없는 법이다. 자기 팔이 떨어져 나간다는 사실을 알면서도 그 칼을 움켜잡을 수는 없는 것이다.

패리스 에판디님이 주교의 청을 거절했다고 상상해보라. 셀마의 평판은 대번에 땅에 떨어져 그녀의 이름은 기필코 더럽혀졌으리라. 주교는 마치 높은 가지에 매달린 포도송이를 보고 시어서 못 먹는다고 헐뜯는 여우처럼 그녀를 욕보였으리라. 결국 운명은 가엾은 동방의 여인인 셀마를 사로잡아 굴욕적인 노예의 길로 이끌었다. 꽃향내 그윽한 달빛 속을 사랑의

부러진 날개

흰 날개를 타고 훨훨 날아다니던 고귀한 영혼은 무참한 함정의 나락으로 떨어지고 만 것이다.

어떤 나라에선 부모의 부(富)가 그 자식들을 비참히 만들기도 한다. 부모가 자신들의 부를 지키기 위해 만든 튼튼한 금고가 자식들에겐 오히려 캄캄한 감옥이 된다. 사람들이 떠받드는 재물이 그들 자신의 영혼을 죽이는 악마가 되는 것이다. 셀마 카라미는 부모의 재물과 권력자의 더러운 탐욕에 희생된 여인이었다. 자기 아버지 재산만 아니었던들 그녀는 여전히 행복하게 살고 있으련만.

일주일이 지났다. 내게 남은 유일한 위안이라고는 셀마의 사랑뿐이었다. 그녀의 감미로운 목소리는 밤이면 나를 위해 행복의 노래를 부르고, 새벽이면 삶의 의미와 자연의 비밀을 일깨워주듯 귓전에 울려 퍼지곤 했다. 그것은 질투가 섞이지 않은 순수한 사랑, 영혼을 해치지 않는 성스러운 사랑, 또한 영혼의 자족(自足) 속을 박애로 그득 채우는 애정에 대한 뿌리 깊은 갈망이었다. 또한 영혼의 뒤흔들림 없이도 희망을 낳아 지상을 천국으로, 인생을 달콤하고 아름다운 꿈으로 바꿔놓는 한없는 부드러움이었다. 아침에 일어나 들판을 거닐면서 나는 자연의 변치 않는 섭리를 깨우치게 되었으며, 해변의 철썩이는 파도소리 속에서도 영원한 삶의 노래를 들을 수 있었다. 거리를 걷는 사람들의 모습과 일하는 이들의 움직임 속에서도 삶의 아름다움과 인간의 광채를 느꼈다.

하루하루가 환영처럼 지나가고 모든 것은 구름처럼 사라졌다. 내겐 슬픔에 가득 찬 추억만 남아 있었다. 만물이 살아 움직이는 아름다운 봄에 반해 있던 내 두 눈은 모든 것을 비참하게 만드는 한겨울의 매서운 폭풍우뿐 아무것도 볼 수 없

불의 호수

었다. 이전에는 아름다운 파도소리에 취해 있던 내 귀에는 오직 울부짖는 바람과 절벽을 때리는 성난 바다의 노여움 소리만 들려왔다. 지칠 줄 모르는 활기로 행복에 겨워 우주의 신비를 살피던 내 영혼은, 이제 낙담하고 좌절하여 갈기갈기 찢겨 나갔다. 저 사랑의 나날들보다 아름다운 것은 없었고 저 슬픔의 잔혹한 밤들보다 더 고통스러운 것은 어디에도 없었다.

 느닷없이 찾아드는 그녀를 향한 갈망에 더 이상 견디기 어려웠던 주말, 나는 다시 한 번 셀마의 집으로 찾아갔다. 우리가 아름다운 영혼으로 하나되어 사랑으로 축복받은 그 성스러운 안식처로. 나는 그곳에서 무릎꿇고 겸허히 영혼의 기도를 바치리라.

 정원에 들어섰을 때 어떤 알 수 없는 힘이 느껴졌다. 그것은 나를 이 곳에서 말없이 끌어당겨 분쟁과 고난이 없는 현실을 벗어난 세계로 이끌어줄 것만 같은 힘이었다. 어느덧 나는 마치 천상의 계시를 받드는 구도자처럼 온갖 나무와 꽃들로 에워싸여 있었다. 나는 꿈꾸듯이 현관을 향해 걸어갔다. 바로 그곳에서 재스민나무 그늘 아래의 벤치에 앉아 있는 셀마를 보았다. 운명이 나를 행복과 슬픔의 광장으로 이끌었던 일주일 전, 우리 둘이 나란히 앉아 있었던 바로 그날 밤 그 자리에 앉아 있는 그녀를.

 그녀는 내가 가까이 다가서는 걸 알면서도 꼼짝도 하지 않았다. 한마디 말도 없었다. 나는 조용히 그녀 곁에 앉았다. 그녀는 잠시 그윽한 눈길로 나를 바라보고는 깊은 한숨을 토해내며 하늘을 우러러보았다. 비통한 침묵으로 가득 찬 한순간이 지나갔다. 이윽고 그녀는 고개를 돌려 떨리는 손으로 내 손을 잡았다. 그녀의 가냘픈 목소리가 흘러나왔다.
"날 좀 보세요. 내 얼굴을 들여다보고, 당신이 알고 싶지만 내가 도저히 말할 수 없는 진실을 읽어주세요. 어서요, 내 친구, 사랑하는……, 내 형제."
나는 그녀를 정면으로 바라보았다. 며칠 전까지만 해도 나이팅게일의 날개처럼 생기가 넘쳐흐르던 두 눈이 고통으로 움푹 파이고 슬픔으로 잔뜩 흐려 있었다. 태양의 입맞춤으로 갓 피어난 백합꽃잎 같던 그 아름다운 얼굴도 이제는 시들어 핏기마저 싹 가신 모습이었다. 감미로웠던 그녀 입술은 늦가을 시든 꽃잎처럼 변해 있었다. 어디 그뿐인가, 상아처럼 희고 반드러웠던 그녀의 목은 마치 슬픔에 짓눌린 듯 굽어 있었다. 이 모든 변화는 지난 며칠 사이에 일어난 일이었다. 그러나 그런 변화가 셀마의 아름다움을 해치는 것은 결코 아니었다. 그건 마치 달을 가리며 흘러가는 구름이 오히려 달의 아름다움을 두드러지게 하는 것과도 같은 이치였다. 마음속 모진 시련이 그대로 드러난 셀마의 얼굴은 그것이 비록 엄청난 고통을 담고 있다 할지라도 더없이 고혹적이었다. 그러나 비밀을 드러내지 않은 채로 침묵뿐인 그 얼굴은 아름다움과는 다른 것이었다. 포도주의 빛깔이 제 아무리 곱다 해도 직접 눈으로 볼 수 없다면 그 술잔만으론 우리의 입술을 유혹할 수 없으리라.
그날 저녁 셀마는 삶의 비통함과 달콤함으로 빚은 성스러운 포도주가 넘실대는 술잔과도 같았다. 그녀는 자기도 모르는 새 아버지를 떠나 결혼이라는 무거운 멍에를 지고 시어머니의 학대를 견디며 노예처럼 살아야만 하는 가혹한 운명의 주인공이 되어 있었다.

불의 호수

나는 잠시도 눈을 떼지 않고 셀마를 보았다. 그리고 그녀의 상처받은 영혼의 외침에 귀기울이고 그녀와 함께 괴로워했다. 마침내 시간이 멈추고 우주가 존재하지 않는 걸 느낄 때까지. 오로지 간절한 눈빛으로 나를 바라보는 그녀의 커다란 눈망울만이 내 눈에 들어왔다. 내 손을 꽉 쥐고 있는, 차갑게 떨리는 그녀의 손길만이 내가 느낄 수 있는 유일한 감촉이었다. 그 순간 나는 거의 넋이 나간 상태였다.

셀마의 나지막한 목소리가 문득 내 귓전을 때렸다. 그제야 나는 정신을 차렸다.

"내 사랑, 끔찍한 일이 닥치기 전에 우리 앞날이 어떻게 될지 생각해봐요. 지금 아버지는 내가 죽을 때까지 섬겨야 할 남자를 만나러 그의 집으로 떠나셨답니다. 신이 나를 세상에 내보내기 위해 택하신 내 부모님은, 이 세상이 남은 내 생애의 주인으로 선택한 바로 그 남자와 만나시겠죠. 지금까지 날 보살펴주신 늙은 아버지께서 앞으로 내 인생의 짝이 될 그를 만나 오늘 밤 혼인 날짜를 정할 거예요. 이 얼마나 가혹한 운명의 시간일까요! 지난주 바로 이 시각, 바로 이 재스민나무 아래서 사랑은 처음으로 내 영혼을 사로잡았죠. 바로 그 시각에 운명은, 주교의 저택에서 시작할 내 삶의 첫마디를 기록하고 있었어요. 지금 내 아버지가 딸에게 구혼한 남자와 결혼 날짜를 잡고 있는 동안, 당신의 영혼은 마치 무서운 독사가 지키는 샘 주위를 퍼덕이며 날고 있는 목마른 새처럼, 내 주위를 빙빙 돌고 있군요. 아아, 이 밤은 어쩌면 이다지도 위대한지요! 이 얼마나 깊은 신비일까요!"

그녀의 말을 듣고 나는 절망의 어두운 그림자가 아직 요람 속에서 숨 쉬는 우리 사랑을 질식시키려 하는 걸 느꼈다. 나는 대답했다.

"그 새는 목이 말라 스스로 목숨을 끊거나 땅에 떨어져 독사의 먹이가 될 때까지 샘물 위를 떠나지 않을 것이오."

그녀의 대답이 이어졌다.

"안 돼요, 내 사랑. 나이팅게일은 끝까지 살아남아서 노래 불러야 해요. 밤이 오고 샘이 말라버려도, 세상의 종말이 올 때까지 영원토록! 그 노래를 멈춰선 안 돼요. 왜냐하면 그 노래가 죽어가는 나를 살려주기 때문이죠. 그 날갯짓을 멈춰서도 안 돼요. 만일 그 날개가 부러지고 만다면 내 영혼도 온통 먹구름 속에 갇혀버릴 거예요."

"셀마, 내 사랑. 목마름은 기어이 새를 쓰러트릴 것이고 공포는 끝내 목숨을 앗아가고 말 거요."

셀마는 떨리는 입술로 말했다.

"영혼의 갈증은 물질세계의 포도주보다 더욱더 달콤하고, 정신적 두려움은 육신의 안전보다 귀중한 것이랍니다. 들어봐요, 내 사랑. 지금 나는 새로운 삶의 문턱에 서 있어요. 그 삶이 어떤 것인지 전혀 알지 못하기에 나는 넘어지지 않으려고 길을 더듬어 걷는 장님과 다를 게 없답니다. 아버지의 재산이 결국 나를 권력의 노예시장에 내놓았고 한 남자가 나를 샀습니다. 나는 그를 알지도 못하고 사랑하지도 않지만, 어쩔 수 없이 그에게 순종하며 그를 행복하게 해주어야만 합니다. 나는 그에게 연약한 여인이 강한 남자에게 줄 수 있는 모든 것을 바쳐야 합니다. 하지만 내 사랑, 당신에겐 아직도 무한한 꿈이 있어요. 당신은 이제 막 인생을 꽃피울 시기에 살고 있어요. 꽃들로 뒤덮인 드넓은 길을 활보하며 자신의 가슴을 횃불 삼아 이 세상 어느 곳이든 자유로이 돌아다닐 수도 있어

불의 호수

요. 당신은 자유롭게 생각하고, 말하고, 행동할 수 있어요. 당신은 삶이란 얼굴에 스스로의 이름을 써 넣을 수 있습니다. 당신은 남자이기 때문에, 스스로의 주인으로서 살아갈 수 있습니다. 당신은 나처럼 아버지 재산을 지키기 위해 노예시장에 팔려나가지 않아도 되기 때문이죠. 당신은 자기가 선택한 여성과 결혼할 수 있습니다. 그녀가 당신 집에서 살기 이전에는 당신 가슴속에 살게 할 수도 있어요. 누구의 방해도 받지 않고 서로 속마음을 털어놓을 수도 있겠지요."

한순간 깊은 침묵이 흐른 뒤 셀마는 말을 이었다.

"당신은 남자로서 이 세상의 영광을 이루고 나는 여성으로서 맡은 일을 해야겠지요. 하지만 인생은 왜 하필 지금 우리를 갈라놓을까요? 어째서 이 순간 나이팅게일의 노래는 깊은 계곡에 묻혀버리고, 바람은 장미꽃잎들을 흩어버리며, 거친 말발굽이 성스러운 포도주 잔을 짓밟아버리는 걸까요? 우리 영혼이 하나 되었던 재스민나무 아래서 우리가 보낸 그 모든 밤들이 아무것도 아니었단 말인가요? 별들을 향해 그토록 빨리 날아갔던 우리 영혼의 날갯짓은 무엇이었나요? 그처럼 지치도록 쉼 없이 날개를 파닥거렸기에 지금은 한없는 수렁 속으로 떨어지고 있는 건가요? 사랑이 우리에게 왔을 때 운명의 신은 잠들어 있었을까요? 그렇다면 그를 잠에서 깨운 죄로 그가 우리를 벌주려 작정한 것일까요? 그것도 아니라면, 한밤의 미풍을 돌풍으로 돌변하게 만들어 우리를 갈기갈기 찢어놓고 저 깊은 계곡 속으로 먼지처럼 흩날려버리도록 한 것이 우리 영혼이란 말인가요? 우리는 어떤 죄도 지은 적이 없고, 신의 금기를 어긴 적도 없건만 도대체 무엇 때문에 이 낙원에서 쫓겨나야 하는 거죠? 우리는 음모를 꾸미지도 않았고 세상을 어지럽히지도 않았는데, 왜 우리를 지옥으로 몰아내려는 거죠? 아니, 아니, 절대로 그럴 순 없어요. 우리를 하나로 맺어준 그 순간은 영원보다 위대하고, 우리 영혼을 비추어주던 빛은 어둠보다 강한 것이었습니다. 운명의 태풍이 설사 우리를 거친 사막으로 날려버릴지라도 파도는 우리를 고요한 해안으로 데려다줄 거예요. 비록 현실이 우리를 죽음으로 몰아간다 해도 우리는 죽음으로써 하나가 될 거예요. 아무리 오랜 세월이 흐르고 계절이 바뀐다 해도 여자의 마음이 쉽게 변하는 것은 아니랍니다. 혹 심장이 멎는 한이 있어도 결코 그 마음은 달라지지 않습니다. 여인의 가슴은 전쟁으로 폐허가 된 들판과 같아요. 나무가 뿌리째 뽑히고 풀꽃들은 잿더미에 휩쓸리고 돌멩이 하나까지 붉게 물들어 마침내 이 대지가 하나의 거대한 무덤이 된다 해도 들판에는 여전히 평화로운 기운이 남아 있을 거예요. 새로운 계절이 찾아와서 마치 아무 일도 없었던 것처럼 모든 걸 제자리로 돌려놓을 테니까요.

하지만 내 사랑, 이제 우린 어떻게 해야 하나요? 우리가 어떻게 헤어질 수 있으며 또 언제 다시 만날 수 있을까요? 사랑이 저녁에 찾아왔다 아침에 떠나버리는 나그네라고 생각할까요? 아니면 차라리 지금의 사랑을 잠에서 깨어나면 잊혀지는 꿈이라고만 여길까요?

이 일주일을 단지 멋대로 취해 있었던 시간이었다고 생각해야 할까요? 고개를 들고 날 좀 보세요, 내 사랑. 무슨 말이든 해주세요. 제발! 폭풍우가 몰아쳐 우리 사랑의 배를 가라앉힌 뒤에도 당신은 날 기억할 건가요? 밤의 침묵 속으로 퍼져나가는 내 슬픈 메아리를 들어줄 수 있나요? 당신을 향해 애타게 울부짖는 내 영혼의 소리에 귀기울여줄 수 있나요? 밤마다 당

불의 호수

신의 이름을 부르며 탄식하는 한숨소리를 들을 수 있나요? 당신은 저녁노을 아래 서성이던 내 그림자가 새벽이 올 때까지 정처없이 헤매는 걸 보게 될까요? 말해줘요, 내 사랑. 내 눈엔 마법 같은 빛으로 다가오고, 내 귀엔 달콤한 노래를 들려주며, 내 영혼엔 자유로운 날개를 달아준 다음, 당신은 어떻게 될 것인지를. 대체 당신은 어떻게 될까요?"

셀마의 이야기를 듣는 동안 나는 심장이 녹아내릴 것만 같았다. 나는 그녀에게 이렇게 대답했다.

"당신이 바라는 대로 되겠소, 내 사랑."

그녀가 말했다.

"자신의 슬픔을 사랑하는 시인처럼 나를 사랑해주세요. 목마른 나그네가 물을 마시며 자기 모습을 비춰주는 고요한 우물을 기억하듯 날 기억해 주세요. 이 세상의 빛을 보기도 전에 죽어버린 자식을 기억하는 어머니처럼 날 기억해주세요. 또한 사면령을 알리는 병사가 도착하기 전에 죽은 죄수를 기억하는 왕처럼 날 기억해주세요. 그 뒤에도 당신은 내 마음의 벗이 되어 주세요. 이따금 우리 집에 찾아와 내 아버지의 슬픔을 달래주셔야 해요. 이제 며칠 뒤면 아버지와 나는 남남이 되고 말 테니까요."

"내 기꺼이 그 모든 걸 다 하겠소. 나는 내 영혼을 당신 영혼을 담을 주머니로 만들고 내 마음에 당신의 아름다움이 깃들 보금자리를 만들겠소. 그리고 내 가슴은 당신의 슬픔을 묻어 둘 무덤으로 삼겠소. 나는 풀밭이 봄을 사랑하듯 당신을 사랑하겠소. 햇볕 속에서 살아 숨쉬는 꽃처럼 나 또한 당신 속에 살겠소. 산골짜기가 교회 종소리를 메아리로 들려주듯 나는 당신의 이름을 노래하겠소. 바닷가 모래알들이 파도의 속삭임에 귀기울이듯이 나는 당신 영혼이 들려주는 말을 귀담 아듣겠소. 이방인이 고향 땅을 기억하듯, 굶주린 사람이 잔칫 날을 기억하듯, 왕관을 잃은 왕이 지난날의 영광을 추억하듯 이, 그리고 죄수가 한때 자유로웠던 시간을 아쉬워하듯, 그렇 게 나는 당신을 기억하겠소. 농부가 씨 뿌리며 타작마당에 쌓 인 볏단을 기억하듯이, 목동이 초록빛 들판과 맑은 시내를 기 억하듯 나는 당신을 기억하리다."

셀마는 한숨을 내쉬며 내 말에 귀를 기울였다. 이윽고 그녀 가 다시 입을 열었다.

"내일이면 진실조차 헛된 것이 되어버리고 깨어 있어도 모 든 게 꿈처럼 희미해질 거예요. 사랑하는 사람의 그림자를 껴 안는 것만으로 만족할 수 있을까요? 목마른 사람이 꿈 속에서 물을 마신다고 해서 갈증을 달랠 수 있을까요?"

나는 그녀를 바라보며 대답했다.

"내일이면 운명은 당신을 평화로운 가정 한가운데로 데려다 놓겠지요. 대신 나는 끊임없는 투쟁과 고통의 세계로 내던져 질 겁니다. 당신은 아마도 최고의 행운아가 될 운명을 타고난 남자 집에 있게 될 것이고, 그 반대의 운명을 타고난 나는 저 주받은 거리에 홀로 남겨질 테죠. 당신은 삶의 문으로 들어가 겠지만 나는 죽음의 문으로 들어가겠지요. 당신은 하객들에 둘러싸여 있겠지만 나는 고독 속에 버려질 것입니다. 하지만 나는 죽음의 계곡에 사랑의 조각상을 세워 예배드릴 것이오. 오로지 사랑만이 나를 취하게 하는 하나뿐인 위안이므로, 나 는 그것을 포도주처럼 달게 마시고 옷처럼 따뜻하게 내 몸에 걸치겠소. 새벽이면 사랑이 나를 깨워 먼 들판으로 데려갈 것 이고, 한낮엔 나무 그늘로 이끌어 태양의 열기를 피해 새들과 함께 나를 쉬게 할 거요. 저녁이면 지는 노을을 바라보며 자연의 노래를 들을 수 있도록 해줄 테죠. 또한 밤이면 사랑은 나를 연인들과 시인들의 영(靈)이 사는 천상 세계로 이끌어 줄 것이고, 그리하여 나는 사랑의 따스한 가슴을 꿈꾸며 잠들 수 있을 거요.

봄이 오면 제비꽃과 재스민꽃 향내 그윽한 꽃길을 사랑과 거닐고, 백합 꽃봉오리 속에 아직 남아 있는 겨울의 신선한 물방울을 마시겠소. 여름이면 건초더미를 베개 삼아 풀밭 위에 누울 것이오. 파란 하늘은 이불이 되어 내 사랑을 감싸 주겠지. 또한 가을엔 포도 짜는 기계 곁에 앉아 그 황금빛 가지를 발가벗는 포도덩굴들을 지켜보며 내 사랑과 함께 살겠소. 그럴 때 철새 떼들은 우리 머리 위를 날아서 어디론가 멀리 가겠지. 그리하여 이윽고 겨울이 오면 우리는 먼 나라의 역사를 이야기하면서 난롯가에 앉게 될 거요. 젊은 시절엔 사랑이 내 스승이 되어줄 것이고, 중년엔 나의 협력자, 노년엔 내 기쁨이 될 것이오. 내 사랑, 셀마. 사랑은 내 목숨이 다하는 날까지 나와 함께 할거요. 그리고 죽음 뒤에는 하느님의 손길이 우리를 다시 하나로 맺어줄 거요."

이 모든 말들은, 마치 난롯불 안에서 사납게 튀어올랐다가 한줌 재가 되어 사그라지는 불똥처럼 내 가슴 저 깊은 곳에서 솟구쳐나왔다. 셀마의 두 눈엔 이루 말할 수 없는 눈물이 흘러넘치고 있었다.

'사랑'이 날개를 달아주지 않은 사람들은, 저 슬프도록 행복한 시간에 셀마와 나의 영혼이 함께 했던 신비로운 세계를 보기 위해 구름 너머를 날 수 없다. '사랑'의 부름을 받지 못한 사람들은 결코 그 사랑의 실체를 느낄 수 없다. 그러므로 이

부러진 날개

이야기는 그런 사람들을 위한 것이 아니다. 설사 그들이 이 한 장을 이해한다 해도 말로 다 하지 못하고 글로 다 쓰지 못하는 그 느낌을 제대로 알아차릴 수는 없으리. 그런데 사랑의 포도주를 마셔본 적도 없는 이는 대체 어떤 사람인가? 남자와 여자의 가슴이 하나의 길이 되고, 비밀스러운 꿈의 장막으로 천장이 가려진 사원의 불 밝힌 제단 앞에 한 번도 경건히 서 본 적 없는 영혼이란 대체 어떻게 생겼을까? 새벽이 와도 그 잎사귀에 이슬방울을 맺지 않는 꽃은 대체 어떤 모습이며, 바다에 이르지도 못한 채 그 흐름을 잃어버린 시내란 대체 무슨 의미가 있을까?

셀마는 얼굴을 들어 밤하늘을 점점이 수놓고 있는 별들을 쳐다보았다. 그녀는 두 눈을 커다랗게 뜨고 입술을 떨며 양팔을 들어올렸다. 나는 그 창백한 얼굴에서 슬픔과 억압, 절망과 고통의 징후를 읽을 수 있었다. 그녀는 비통하게 울부짖었다.

"오, 주여, 이 몸이 당신 마음을 상하게 한 일이라도 있었나요? 제가 이런 벌을 받을 만큼 잘못한 게 무엇이란 말인가요? 대체 무슨 죄를 지었기에 이토록 모진 형벌을 받아야만 할까요? 오, 주여, 당신은 강하고 저는 연약한 존재입니다. 어째서 당신은 저를 고통 속으로 내몰았나요? 저는 다만 전능하신 당신 보좌 앞을 기어다니는 한낱 보잘것없는 미물에 지나지 않습니다. 그런데 어째서 당신은 이토록 저를 짓밟으시나요? 당신이 사나운 폭풍우라면 저는 그저 먼지와 같은 존재입니다. 주여, 어째서 당신은 저를 차디찬 땅바닥에 내동댕이쳤나이까? 당신은 크고 위대하지만 저는 힘없는 존재입니다. 그런데 무엇 때문에 당신은 제 힘을 시험하는 것입니까? 당신

불의 호수

은 사려 깊은 존재이고 저 또한 그러합니다. 그런데도 왜 저를 파괴하려는 것입니까? 당신은 사랑으로 한 여인을 창조했나이다. 그럼에도 어째서 한 여인을 사랑 때문에 소멸시키려는 것입니까? 왜 당신은 오른손으로 이 여인을 들어올리시고 왼손으로는 까마득한 구렁텅이로 내던져버리나이까. 저는 그 까닭을 알지 못합니다. 당신은 제 입술에 생명의 숨결을 불어넣고 가슴속에는 죽음의 씨를 뿌리나이다. 당신은 제게 행복의 길을 보여주고는 고통으로 인도하나이다. 당신은 제 입술에 행복의 노래를 심어주고 곧이어 그 입을 닫아 슬픔으로 족쇄를 채우나이다. 내 상처를 치료한 그 신비한 손가락으로 이제 당신은 고통의 공포를 안겨주고 있나이다. 당신은 내 침상에 기쁨과 평화를 숨겨놓고 바로 곁에 장애물과 공포를 세우나이다. 당신 뜻대로 내게 사랑의 기쁨을 알게 하고 이제는 그 사랑을 부끄럽게 만드나이다. 당신은 내게 새로운 아름다움을 일깨워주었지만 아름다움에 대한 내 사랑은 끔찍한 갈망으로 변했나이다. 당신은 나로 하여금 죽음의 잔 속에서 삶을 마시고 삶의 잔 속에서는 죽음을 마시게 하나이다. 당신은 나를 눈물로 씻겨주지만 나의 삶은 눈물 속에서 흘러가버리나이다. 오, 주여, 당신은 사랑으로 내 눈을 뜨게 했지만 사랑으로 눈멀게 했나이다. 당신은 내게 입맞추고는 당신의 억센 팔로 나를 내리쳤나이다. 당신은 내 가슴속에 백장미를 심어주었지만 그 둘레엔 가시 울타리를 쳤나이다. 당신은 내가 사랑하는 사람의 영혼을 내 마음속에 묶어두곤 내 남은 인생을 사랑하지도 않는 남자 곁에 두었나이다. 그러니 주여, 이토록 처절한 싸움을 견딜 수 있도록 나를 도와주시고 죽는 날까지 진실하고 고결한 삶을 살아갈 힘을 베풀어주소서."

부러진 날개

한동안 적막이 흘렀다. 셀마는 창백하고 처연한 모습으로 고개를 떨구었다. 그녀는 기운이 모두 빠져 나간듯 힘없이 팔을 내려뜨렸다. 그 모습이 내겐 마치 폭풍우에 꺾여 땅바닥에 내동댕이쳐진 말라 죽기 직전의 나뭇가지처럼 보였다.

나는 그녀의 차디찬 손을 붙잡고 입을 맞추었다. 그러나 정작 지금 위로가 필요한 사람은 바로 나 자신이었다. 나는 우리의 맹세를 마음속으로 되새기며 조용히 내 심장의 소리에 귀를 기울이고 있었다. 우리는 더 이상 아무 말도 하지 않았다.

고통이 극에 달하면 비명조차 나오지 않는 법이다. 나와 그녀는 둘 다 넋이 나간 채로, 마치 지진이 일어나 모래에 파묻혀버린 대리석 기둥처럼 무기력한 침묵 속에 빠져 앉아 있었다. 지금 이 순간 우리 가슴은 아주 가는 실오라기와도 같아서 숨소리만 내도 끊어져버릴 지경이었다. 그런고로 우리는 상대의 말을 듣는 것조차 두려워하고 있었던 것이다.

한밤중이었다. 산 너머에 초승달이 떠 있었다. 수많은 별들이 총총한 가운데, 달은 마치 희미한 촛불에 둘러싸여 관 속에 누워 있는 죽은 사람의 얼굴만큼이나 창백해 보였다. 달빛 아래 드러난 레바논의 모든 마을은 어둠을 지켜보며 새벽을 고대하는 불면증 걸린 노인처럼, 폐허가 된 왕궁에서 불타버린 옥좌에 앉은 왕처럼 초라하게 보였다.

산과 나무와 강은 시간의 흐름에 따라 그 모습을 바꾼다. 마치 인간이 그의 경험과 감정에 따라 변하는 것처럼. 한낮 태양 아래선 제법 위엄을 자랑하던 키 큰 미루나무도 저녁이면 연기 기둥처럼 음산하게 보이리라. 낮엔 견고한 요새 같던 거대한 바위도 밤이면 하늘을 이불삼아 아무데서나 몸을 눕히는 거지처럼 처량하게 느껴지리라. 아침에는 영원을 찬미하듯 흘러가던 시냇물소리도 저녁이면 자식을 잃은 어머니의 눈물 젖은 울부짖음으로 변하리라. 레바논의 달도 마찬가지였다. 우리 영혼이 하나 되었던 일주일 전 달은 만월이었고 위엄에 가득 차 있었다. 그러나 이날 밤 떠오른 초승달은 사무치게 외로운 빛을 띠고 있었다.

우리는 작별인사를 나누기 위해 자리에서 일어섰다. 우리 사이에는 사랑과 절망이라는 두 개의 유령이 버티고 서 있었다. 그리하여 둘 중 하나 날개 달린 손길이 우리 목을 어루만 졌을 때, 울음이 나오면서도 한편으론 끔찍한 웃음이 터져나 오는 것이었다.

나는 셀마의 손을 잡아 입을 맞추었다. 그러자 그녀는 내게 가까이 다가와 이마에 입을 맞추었다. 그런 다음 벤치 위에 쓰러지듯 몸을 던졌다. 그리고 눈을 감고 이렇게 외쳤다.

"오, 주여, 부디 자비를 베푸시어 내 부러진 날개를 고쳐주소서!"

결국 나는 셀마를 정원에 홀로 남겨두고 그 집을 떠나왔다. 나는 내 모든 감각이 안개로 뒤덮인 호수처럼 흐릿해지는 것을 느꼈다.

깊은 고요에 잠긴 나무와 달빛의 아름다움도 그 순간 내겐 추하고 소름끼치는 모습으로 비쳐졌다. 내게 우주의 놀라운 아름다움을 보여 주었던 그 빛은 이제 내 가슴을 태우는 엄청난 불꽃으로 바뀌었다. 이전까지만 해도 즐겨듣던 '영원'의 음악은 이제 사나운 사자의 울부짖음보다도 더욱 끔찍한 아우성이 되고 말았다.

얼마 뒤 나는 집으로 돌아와 사냥꾼의 총에 맞은 새처럼 침대에 쓰러졌다. 입에서는 셀마가 했던 말이 주문처럼 흘러나왔다.
"오, 주여, 부디 자비를 베푸시어 내 부러진 날개를 고쳐주소서!"

죽음의 보좌 앞에서

오늘날 결혼이란 남자와 그 부모가 연출하는 하나의 웃음거리에 지나지 않는다. 결혼문제로 의견 차이가 벌어진다면 결과는 대부분 젊은 아들 승리로 끝난다. 이럴 때 상대 여성의 처지 따위는 문젯거리도 되지 않는다. 여자는 마치 상품처럼 결혼시장에 전시되었다가는 구혼자가 나타나면 반항조차 못해 보고 다른 집으로 배달되는 것이다. 그리하여 조만간 그녀의 아름다움은 바래지고 그저 어두운 구석에 놓인 가구처럼 낡아 갈 뿐이다.

문명은 여성을 점점 지혜롭게 만들었지만 그와 함께 고통도 늘어났다. 이 모든 것이 남자들의 그칠 줄 모르는 탐욕 때문이다. 그래도 지난날 여성들은 가정에선 행복한 아내였으나 오늘날 여성들은 하녀처럼 가련한 신세가 되었다. 지난날에는 눈먼 장님처럼 불빛 속을 걸었지만 이제는 눈을 뜨고도 어둠 속을 헤매는 것이다. 무지(無知)는 차라리 여성을 아름답게 지켜주었고 그만큼 순박하기 때문에 정숙하게 살아갈 수도 있었다. 또한 여성은 나약한 존재였기에 스스로를 강하게 단련시켰다. 지금의 여성은 그가 가진 지성과 기교로 인해 오히려 비정하고 추해졌다. 여성들이 아름다움과 지성, 재능과 미덕, 연약한 육신과 강건한 정신을 함께 지닐 날은 도대체 언제인가?

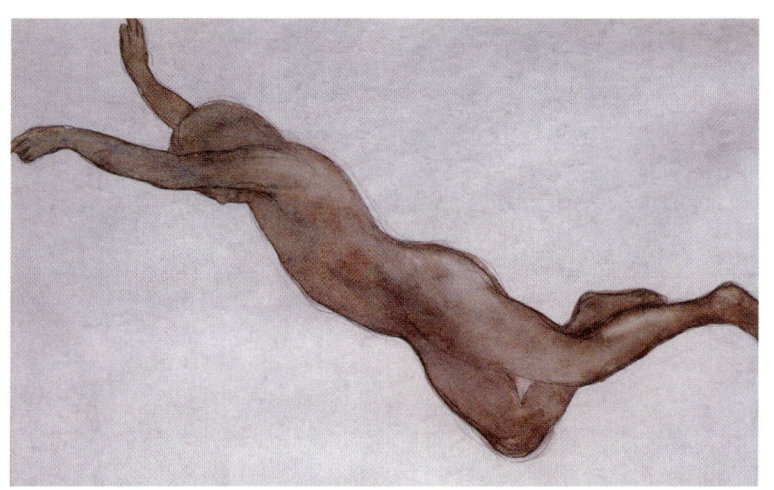

죽음의 보좌 앞에서

정신의 진보는 모름지기 인간 생활의 한 법칙이지만 완성에 이르는 길은 느리고 고통스러운 것이다. 만일 한 여성이 어떤 면에서 스스로를 나아지게 하면 다른 면에선 부진할 수도 있다. 산꼭대기에 오르기 위해서는 곳곳에서 도적들을 만나고 이리떼 소굴을 지나쳐야 하는 것과 같다.

이 이상야릇한 세대는 잠든 시간과 깨어난 시간 사이에 있다. 이를테면 그 손에 과거의 토양과 미래의 씨앗을 같이 들고 있는 것이다. 그러면서도 우리는 종종 미래를 상징하는 여성을 발견한다.

베이루트에서 셀마 카라미는 미래 여성의 상징이었다. 그러나 시대를 앞질러 살아간 많은 여성처럼 그녀 또한 현실의 희생양이 되어야 했다. 그녀는 마치 줄기에서 떨어져 강물에 휩쓸려 떠내려가는 한 송이 꽃처럼 패배자의 비참한 길을 걸어갔던 것이다.

만수르 베이 갈리브와 셀마는 결혼 뒤 라스 베이루트 거리 아름다운 집에서 살게 되었다. 레바논의 부유하고 신분 높은 사람들은 거의 다 그곳에 살았다. 패리스 에판디 카라미님은 정원과 과수원이 딸린 그의 저택에서 양떼에게 에워싸인 목자처럼 홀로 남겨졌다.

결혼식의 들뜬 분위기 속에서 첫날밤을 보낸 그들은 신혼여행을 떠났다. 그러나 그 여행은 쓰라린 슬픔의 시간을 추억으로 남겼다. 마치 전쟁이 휩쓸고 간 자리에 해골과 시체더미가 남는 것처럼. 결혼이 풍기는 위엄은 젊은 남녀의 가슴에 생기를 불어넣어주지만 그것이 영원히 이어지는 것은 아니다. 때로는 그것이 무거운 맷돌처럼 그들을 바다 밑바닥으로 떨어뜨릴지 모른다. 결혼식의 들뜬 기분은 파도에 휩쓸려가기 전까지만 남아 있는 모래 위 발자국과도 같은 것이다.

봄날은 갔다. 여름과 가을도 그렇게 가버렸다. 하지만 셀마에 대한 내 사랑은 계절이 바뀔수록 더욱더 커져갈 뿐이었다. 나에게 그녀는 말없는 숭배의 대상이었다. 나는 고아가 죽은 어머니를 그리워하듯 그녀를 갈구했다. 그녀를 향한 동경은 눈 먼 슬픔으로 바뀌었고, 눈물이 넘치도록 뜨거운 정열은 내 가슴의 피를 솟구치게 만드는 당혹감으로 변했다. 또한 내 애정어린 한숨은 셀마와 남편의 행복과 그녀의 아버지인 패리스 에판디님의 평화를 비는 끊임없는 기도가 되었다.

그러나 나의 희망과 기도는 헛된 것이었다. 셀마는 결혼으로 말미암아 오로지 죽음만이 치유할 수 있는 마음의 병을 앓게 되고 말았다.

만수르 베이는 사치하는 생활에 길들여진 사람이었다. 그런데도 그는 만족을 모르는 탐욕의 노예였다. 그는 셀마와 함께 살면서 그녀의 아버지를 전혀 돌보지 않았을 뿐 아니라, 오히려 그 가엾은 노인의 죽음을 빌어 마지 않았다. 노인이 죽고 나면 남겨질 재산을 하루빨리 차지하고 싶은 욕심 때문이었다.

그의 성품은 삼촌인 주교와 꼭 닮은꼴이었다. 둘 사이에 한 가지 차이가 있다면 주교가 종교적 위력의 비호 아래 자기가 원하는 것은 무엇이든 은밀히 손에 넣는 데 반해 그의 조카는 드러내놓고 그 탐욕을 채운다는 점이었다. 주교는 아침마다 교회로 나갔지만 하루의 나머지 시간은 과부와 고아들, 그 밖에 힘없고 무지한 사람들을 착취하는 일로 때웠다. 한편 만수르 베이는 오로지 육체의 쾌락을 쫓는 것에 급급했다. 일요일이면 주교는 순진한 성도들 앞에서 복음을 전했지만 평일에는 온갖 정치적 음모로 머리를 짜내느라 자신의 설교 내용을 실천한 적이 한 번도 없었다. 만수르 베이는 이 같은 삼촌의 이름과 권위를 이용해, 뇌물을 갖다 바치는 사람들에게 그 대가를 주는 일을 직업으로 삼고 있었다.

불로스 주교가 어둠 속에서 은밀히 활동하는 도적이었다면 조카 만수르 베이는 대낮에도 뻔뻔하게 돌아다니는 도적의 앞잡이였다. 그러나 어리석은 시민들은 이런 위인들을 전혀 의심 없이 받아들이는 것이다. 탐욕으로 자신들의 국가를 망치고, 억압으로 이웃들을 짓밟는 이리떼 같은 백정 무리를.

어째서 나는 사랑을 잃어버린 한 여인의 딱한 인생을 이야기하지 않고 불행한 나라의 반역자들에 대한 말로 이 장을 채우고 있는가? 무엇 때문에 나는, 죽음의 이빨에 목숨을 빼앗긴 한 가엾은 여인을 추억하기 위한 내 모든 눈물을 삼키고 억압받는 사람들을 위해 눈물 흘리는 것일까?

친애하는 나의 독자들이여, 하지만, 바로 그러한 여인의 일생이야말로 썩은 성직자들과 통치자들의 횡포 때문에 앓고 있는 국가의 운명과 같은 것이라 생각지 않는가? 한 여인을 죽음으로 몰고 간 사랑의 좌절은 인간 영혼에 스며든 절망과 같지 아니한가? 여성의 운명과 국가의 관계는 마치 등과 불빛 관계와도 같다. 만일 등잔의 기름이 떨어져간다면 불빛도 희미해질 수밖에 없지 않은가?

가을이 지나고, 바람은 겨울을 불러들이기 위한 길을 닦기라도 하듯 낙엽을 휩쓸어가기 시작했다. 그리하여 겨울은 세찬 바람소리와 함께 울부짖으며 다가오고 있었다. 한 사람의 벗도 없이 나는 여전히 베이루트에 살고 있었다. 꿈꾸는 일 말고는 딱히 할 일도 없었다. 꿈은 내 영혼을 하늘 높이 이끌어 올렸다가도 어느 한순간 대지의 가슴 깊숙이 파묻어버리곤 했다.

슬픔에 잠긴 영혼은 고독 속에서만 쉴 수 있다. 마치 총에 맞은 사슴이 그 상처가 낫거나 혹은 죽게 될 때까지 무리를 떠나 동굴 속에 숨어 살듯이, 슬픔은 사람들 속에 섞여 있기를 꺼린다.

어느 날 나는 패리스 에판디님이 몹시 아프다는 소식을 들었다. 나는 참으로 오랜만에 내 거처를 떠나 그의 집으로 향했다. 이번에는 마차를 타지 않았다. 사람들의 발길이 잦은 큰길도 피했다. 그 대신 올리브나무들 사이로 난 오솔길을 걸었다.

그 분은 몹시 초췌해진 몰골로 침대에 누워 있었다. 두 눈은 움푹 들어가 마치 유령들이 출몰하는 두 개의 계곡처럼 깊고 어두운 그늘이 드리워져 있었다. 언제나 그 얼굴을 생기있게 해주던 미소는 고통과 괴로움으로 사라졌고 부드럽던 손은 마치 폭풍우에 시달린 나뭇가지처럼 앙상한 마디를 드러내고 있었다. 내가 다가가 안부를 묻자, 노인은 창백한 얼굴을 돌려 나를 보며 희미하게 미소지었다.

"옆방으로 가서 셀마를 위로해주게. 그 애를 이리로 데리고 와서 내 침대 곁에 앉혀주게나."

노인의 목소리는 힘없이 떨려 나왔다. 나는 옆방으로 들어갔다. 셀마는 두 팔로 머리를 감싸쥐고 베개에 얼굴을 묻은 채 숨죽여 울고 있었다. 나는 그녀가 엎드려 있는 소파로 천천히 다가가면서 차라리 한숨에 가까운 목소리로 그녀의 이름을 불렀다. 그녀는 마치 끔찍한 꿈에서 깨어난 것처럼 소스라치게 놀라며 고개를 들었다. 곧이어 무슨 유령이라도 본 것인

죽음의 보좌 앞에서

지 확인하려는 듯한 흐릿한 눈빛으로 나를 바라보았다. 맨 처음 우리가 저 사랑의 포도주에 취했던 때처럼 깊은 침묵의 시간이 흘렀다. 추억의 날개를 타고 시간을 거슬러 올라갔던 셀마는 이윽고 다시 현실로 돌아왔다. 그녀는 눈물을 닦으며 외쳤다.

"보세요, 시간이 우리를 얼마나 끔찍하게 변화시켰는가를! 시간이 우리 인생을 어떻게 바꿔놓았고 얼마나 황폐한 꼴로 우리를 타락시켰는지를 좀 보세요. 이곳에서 봄은 우리를 사랑으로 맺어주었는데, 바로 이곳에서 우리는 죽음의 왕 앞에 끌려 가네요. 봄은 그토록 아름다웠건만 이 겨울은 왜 이토록 혹독한지요!"

그녀는 마치 눈앞에 악령이 버티고 서 있기라도 한 듯 또다시 두 손으로 얼굴을 감쌌다. 나는 그녀 머리 위에 손을 얹고 말했다.

"이리 와요, 셀마. 자, 우리, 폭풍우에도 무너지지 않는 탑처럼 강해집시다. 우리, 적의 총칼 앞에서도 겁내지 않는 용감한 병사가 됩시다. 우리는 죽더라도 사랑의 순교자처럼 죽을 것이며, 승리한다면 영웅처럼 살아갈 거요. 고난에 용감히 맞서는 것은 장벽 뒤로 숨어 평온을 구걸하는 것보다 고귀한 거요. 죽음을 무릅쓰고 등잔불로 날아드는 나비가 컴컴한 굴속에서 목숨을 부지하는 두더지보다는 훨씬 고결하다오. 자, 셀마. 우리 가시덤불 가운데를 걷게 되더라도 해골이나 뱀 따위를 겁내지 맙시다. 오직 태양을 향해 우리 눈을 붙박아 두고 이 험난한 바위투성이 길을 꿋꿋이 걸어갑시다. 만일 우리가 두려움에 떨며 길 한가운데에 멈춰선다면 오직 비웃음 속에서 밤을 맞이하게 될 거요. 하지만 우리가 용감하게 산꼭대기에 오를 수만 있다면 환희에 찬 승리의 노래 속에서 천상의 영혼들과 만날 거요. 기운을 내요, 셀마. 당신 얼굴에서 슬픔을 거둬요. 눈물을 닦고 일어나요. 그리고 당신 아버지의 침상으로 갑시다. 당신이 짓는 미소는 그분의 생명을 구하는 오직 하나뿐인 치유법이라오."

그녀는 애정이 담뿍 어린 눈으로 나를 부드럽게 바라보며 입을 열었다.

"어쩌면 당신은 내게 참아내라 하시나요? 정작 인내가 필요한 사람은 당신 자신이 아닌가요? 굶주린 사람이 다른 배곯는 이에게 빵을 내줄 수 있나요? 혹은 아픈 사람이 자신에게 반드시 필요한 약을 다른 병자에게 줄 수 있을까요?"

그녀는 다소곳이 고개를 숙인 채 자리에서 일어섰다. 우리는 노인의 방으로 함께 가서 그의 침상 곁에 앉았다. 셀마는 가까스로 미소를 지어 보였다. 그러자 노인은 덕분에 한결 기분이 좋아졌고 기운을 많이 차렸다는 것을 딸에게 보여주려 안간힘을 썼다. 그러나 아버지와 딸은 둘 다 서로가 느끼는 슬픔을 눈치채고 상대의 소리 없는 한숨을 듣고 있었다. 그들은 말없이 서로를 갉아내는 두 개의 똑같은 힘처럼 보였다. 노인의 심장은 딸의 가련한 처지를 슬퍼하며 녹아내리고 있었다. 그들은 사랑과 죽음의 의지로 서로를 부둥켜안은 채, 한편으로는 차라리 이승을 버리고 싶어하고 또 한편으로는 비탄에 젖어 괴로워하는 두 개의 순수한 영혼이었다. 그리고 나는 애타는 가슴으로 이 둘 사이에 끼어 있었다. 우리는 운명의 손길에 하나가 되었다가는 결국 그 손에 으스러진 세 사람이었다. 말하자면 홍수로 폐허가 된 집처럼 볼품없이 변해버린 노인과, 날카로운 낫에 휘둘려 목이 잘린 백합처럼 비참한 신세가 된 젊은 여인, 폭설에 휜 어린 나무처럼 무력한 나 자신까지, 우리 셋 모두 운명의 손에 쥐어진 장난감과 다르지 않았다.

패리스 에판디님은 천천히 움직여 셀마에게 힘없이 손을 뻗쳤다. 그가 입을 열었다.

"내 손을 잡으렴, 애야."

부드럽고 자애로운 목소리였다. 셀마가 손을 잡자 그는 이렇게 덧붙였다.

"나는 삶의 온갖 열매들을 실컷 맛볼 만큼 넉넉히 살았다. 그 동안 나는 한가롭게 인생의 여러 단계들을 거쳤단다. 너는 세 살 때 엄마를 잃었지. 그녀는 세상에서 가장 진귀한 보물인 널 내 무릎에 남겨두고 떠났다. 나는 네가 자라는 걸 주욱 지켜보았다. 마치 고요한 웅덩이에 비치는 반짝이는 별처럼 너는 점점 엄마를 닮아갔단다. 성격이며 지혜로운 마음가짐, 그리고 네 아름다운 자태도 엄마를 쏙 빼닮았지. 말투나 몸짓마저도 네 어머니와 꼭 같은 네가 내겐 이 세상 하나 뿐이 없는 위안이었단다. 이제 나는 늙었다. 난 죽음의 부드러운 날개 사이에서 영원한 안식을 찾겠지. 그러니 마음을 즐겁게 가지렴, 내 사랑하는 딸아. 나는 네가 의젓한 여인이 된 것을 볼 만큼 오래 살았다. 그러니 부디 슬퍼하지 말거라. 죽은 뒤에도 나는 너와 함께란다. 어차피 한 번은 가야 할 길이고 누구나 이 길을 피할 순 없잖니. 결국 우리 일생도 가을날의 낙엽 같은 거란다. 이제 나는 가야 할 때가 된 것 같구나. 어서 이곳을 떠나 혼백이나마 네 어머니 영혼과 함께 있고 싶구나."

노인의 얼굴은 환하게 빛나고 있었다. 그러더니 그는 베개 밑에 손을 넣어 금테를 두른 사진 한 장을 끄집어내 그 작은 사진을 보며 말했다.

"자, 셀마야, 이리 와서 네 어미를 보려무나."

셀마는 눈물을 닦고 한참 사진을 들여다보았다. 그런 다음 몇 번이고 거기에 입을 맞추었다. 그녀는 울음을 터뜨렸다. 그러더니 마치 자기 영혼을 사진 속에 쏟아부으려는 듯 떨리는 입술을 갖다대며 절규했다.

"아아, 어머니! 사랑하는 나의 어머니!"

인간의 입에서 흘러나오는 말 중 가장 아름다운 단어는 '어머니'라는 말이다. 또한 가장 아름다운 부름은 바로 '나의 어머니'이다. 그것은 희망과 사랑으로 가득 찬 가슴 밑바닥에서부터 솟아나오는 달콤하고도 다정한 속삭임이다. '어머니'란 모든 것이다. 어머니라는 말 자체가 슬플 때 위안이요, 불행할 때 희망이며, 약할 때의 힘인 것이다. 어머니는 사랑과 자비, 동정과 화해의 원천이다. 어머니를 잃은 사람은 끊임없이 그를 지키면서 축복해주는 지순한 영혼을 잃은 것이다.

모든 자연은 어머니와 같은 사랑을 보여준다. 태양은 대지의 어머니로서 빛과 영양을 준다. 그러기에 바다와 새들이 노래하고 시냇물이 대지를 잠재우는 자장가를 부를 때 태양은 결코 우주를 버려두지 않는다. 또한 대지는 나무와 꽃들의 어머니로서 그들을 낳고 젖먹이고, 그들이 다 자란 뒤에는 젖을 뗀다. 나무와 꽃들은 다시 그들의 위대한 열매와 씨앗들의 다정한 어머니가 된다. 따라서 어머니라는 말은 모든 존재의 본보기인 동시에 영원한 아름다움과 사랑으로 꽉 찬 하나의 정신인 것이다.

셀마 카라미는 어머니에 대한 기억이 전혀 없었다. 아주 어렸을 때 어머니를 잃었음에도 그녀는 사진을 보자마자 '아,

어머니!' 하고 절규하며 눈물을 흘렸다. 이와 같이 어머니란 말은 모든 사람의 가슴속에 숨어 있다. 장미꽃 향기가 맑거나 혹은 흐린 대기와 뒤섞이듯, 어머니라는 이 한마디는 슬플 때나 기쁠 때나 자연스럽게 우리 입가에 맴도는 것이다.

셀마는 어머니의 사진을 뚫어져라 보았다. 그러고는 사진 속 어머니 얼굴에 쉴새없이 입 맞추다가는 마침내 아버지의 침상 위로 쓰러지고 말았다.

노인이 두 손을 딸의 머리 위에 얹고 말했다.

"오늘에서야 네 어머니 사진을 보여주게 되었구나. 애야, 내 말을 잘 듣거라. 이제부터 네 어머니에 대해 이야기해주마."

노인의 말이 끝나자마자 셀마는 마치 둥지 속 어린 새가 어미 새의 날갯소리를 듣기라도 한 것처럼 고개를 치켜들었다.

패리스 에판디님은 계속해서 이야기를 들려주었다.

"네 어머니는 널 낳은 지 얼마 안 되어 아버지를 여의었단다. 아버지를 잃은 슬픔이야 이루 말할 수 없었지만 네 어미는 어질고 인내심 강한 여자였지. 그녀는 장례식이 끝나자마자 바로 이 방에서 내 손을 잡고는 말했단다. '여보, 아버지는 돌아가셨어요. 이제 당신만이 제 유일한 위안이에요. 제 가슴은 삼나무 가지처럼 갈라져버렸지만, 튼튼한 가지 하나 잃었다고 해서 나무가 죽지는 않아요. 물론 고통스럽기야 하겠지만 그 나무는 자기의 모든 생명력을 다른 가지에다 송두리째 쏟아부을 거예요. 그 가지가 더욱더 튼튼하게 자라나 빈 자리를 채울 수 있도록 말이에요.' 이것이 바로 아버지와 사별한 뒤 네 어머니가 내게 했던 말이란다. 그러니까 애야, 죽음이 내 영혼을 하느님의 손길에 맡길 때 너 또한 그런 마음가짐을

부러진 날개

갖도록 하렴."

셀마는 눈물을 흘리면서 아버지를 바라보았다.

"어머니가 아버지를 잃고 슬퍼하실 때 남편이신 아버지께서 그 빈 자리를 채워주셨지요. 하지만 이제 아버지께서 돌아가시면 제겐 누가 있나요? 어머니는 남편의 자상한 보살핌을 받았고, 어린 딸에게서 위안을 얻으셨어요. 그런데 아버지마저 떠나버리시면 대체 전 어디서 그런 위안을 찾아야 할까요? 제게는 아버지가 곧 어머니였고, 어릴 때부터 유일한 벗이었는데."

말을 마친 셀마는 고개를 돌려 나를 보았다. 그리고 내 옷깃을 부여잡고 울먹이는 목소리로 덧붙였다.

"이 사람이 바로 아버님이 돌아가시면 제게 남을 하나 뿐인 친구예요. 하지만 그 자신도 비탄에 잠겨 있는데 과연 절 위로할 수 있을까요? 상처 입은 영혼이 어떻게 낙담한 사람의 영혼 속에서 위안을 얻을 수 있을까요? 슬픔에 잠긴 사람은 그 이웃의 슬픔으로 위로받을 수 없고, 새는 부러진 날개로는 날 수 없어요. 그는 제 영혼의 벗이지만 저는 이미 너무나 무거운 슬픔의 짐을 그에게 지워주었어요. 또한 제 눈물로 그의 눈을 흐려놓았기 때문에 그는 어둠밖에는 볼 수 없답니다. 저는 그를 진정 형제처럼 사랑하지만, 그는 여러 형제들이 나눌 만큼 많은 제 슬픔을 홀로 떠안고 눈물 흘리며 감싸줘 오히려 저를 더욱 비통하게 만들고 제 가슴을 갈기갈기 찢어놓아요."

셀마의 말은 내 가슴을 송곳으로 찔러대는 것처럼 아프게 다가왔다. 나는 더 이상 견딜 수 없는 고통에 휩싸였다. 노인은 그녀 말에 귀를 기울이며 바람 앞 등불처럼 떨고 있었다. 이윽고 그가 딸에게 손을 내밀며 입을 열었다.

죽음의 보좌 앞에서

"부디 내가 편히 떠나도록 해주렴, 애야. 나는 내가 갇혔던 이 새장의 창살을 부러뜨렸다. 그러니 내가 날아가는 걸 막지 말아다오. 네 엄마가 날 부르고 있지 않느냐, 하늘은 맑고 바다는 고요하니 출항 준비를 서둘러야겠다. 부디 항해를 늦추지 말아다오. 내 육신이 영원한 휴식에 들도록 해주려무나. 이제 내 영혼이 새벽과 함께 꿈에서 깨어나게 해주렴. 내 영혼을 안아주고 희망의 입맞춤을 해다오. 내 육신이 꽃과 풀들의 양식이 될 수 있도록. 내 손 위에 어떠한 슬픔이나 통한의 눈물방울도 떨어뜨리지 말아다오. 내 무덤 위에 가시나무가 자랄지도 모르니. 내 이마 위에 고통으로 찡그린 주름이 남게 하지 말려무나. 그러면 바람이 내 뼛가루를 초록빛 들판으로 날려보내주길 거부할지 모르니까……. 애야, 살아 있는 동안 나는 널 진심으로 사랑했다. 죽어서도 나는 변함없이 널 사랑할 것이고 내 영혼은 끝까지 너를 지켜줄 게다."

패리스 에판디님은 반쯤 눈을 감은 채 내게도 유언을 남겼다.

"내 아들아, 그대 아버지께서 내게 그랬던 것처럼 셀마에게도 참된 형제가 되어주게. 필요할 때 내 딸의 도움이 되고 친구가 되어주게. 내가 죽은 뒤에도 이 아이가 제발 눈물일랑 흘리지 않도록 해주게. 죽음을 슬퍼하는 건 그릇된 것이라네. 이 아이가 슬픔을 잊을 수 있도록 즐거운 이야기를 들려주고 삶의 희망을 잃지 않도록 도와주게. 그리고 자네 아버지께도 내 이야기를 전해주게. 내가 내 생애 마지막 시간에 그 아들을 만났고, 아들의 모습을 보면서 내 오래된 벗을 더욱 사랑하게 되었노라고."

잠시 무거운 침묵이 내려앉았다. 나는 노인 얼굴에 죽음의 창백한 그림자가 어리는 걸 볼 수 있었다. 그는 가까스로 눈꺼풀을 치뜨며 간신히 말을 이었다.

"절대로 의사는 부르지 마라. 행여 약의 힘으로 이 감옥에서의 판결이 늦춰질까 두렵구나. 마침내 내게 주어진 노예의 날들은 지나갔다. 내 영혼은 하늘의 자유를 갈망하고 있어. 사제들도 지금은 부르지 말거라. 만약 내가 죄인이었다면 그들의 기도도 날 구하진 못할 것이고, 또 설사 내가 착한 인간이었다 해도 그들이 날 곧바로 천국으로 이끌어주진 않을 테니까. 인간의 의지로는 신의 뜻을 거스를 수 없단다. 점성가가 별자리를 바꿀 수 없는 것처럼 말이다. 하지만 내가 죽은 뒤에는 의사든 사제든 저들 좋을 대로 하게 하렴. 그들이 와서 무슨 일을 하든 내 배는 목적지에 다다를 때까지 항해를 멈추지 않을 테니까."

패리스 에판디님은 마지막으로 셀마에게 힘없는 눈길을 보냈다. 그녀는 아버지 곁에 무릎을 꿇은 채 앉아 있었다. 노인은 이제 더 이상 말을 이을 수가 없었다. 죽음이 이미 그의 목소리를 거둬가고 있었다. 그는 마지막 남은 기력을 짜내어 겨우 이 한마디를 남겼다.

"밤은 지나갔다…… 아아, 셀마야…… 아……아…… 셀마."

마침내 그의 고개가 옆으로 꺾였다. 밀랍처럼 창백한 얼굴로 그가 마지막 숨을 몰아쉬었을 때, 그 입술에는 희미한 미소가 떠올랐다.

셀마는 차갑게 식어버린 아버지의 손을 만져보았다. 그런 다음 고개를 들어 죽음의 장막이 드리워진 아버지 얼굴을 보았다. 그녀는 눈물조차 흘리지 못했다. 너무나 숨이 막혀 비명도 토해내지 못했고 몸을 움직일 수조차 없었다. 한순간 그녀는 석고상처럼 굳어버린 눈으로 멍하니 아버지의 시신을 바라볼 뿐이었다. 그러다가 이마가 마루에 닿도록 엎드려 이렇게 외쳤다.

"오, 주여, 부디 자비를 베푸셔서 우리의 부러진 날개를 고쳐주소서."

패리스 에판디 카라미는 죽었다. 그의 영혼은 '영원'의 품에 안겼고 육신은 대지로 돌아갔다. 결국 주교의 조카 만수르 베이 갈리브는 그토록 원하던 노인의 재산을 차지했고, 셀마는 슬픔과 불행이라는 삶의 감옥에 갇힌 죄수가 되었다.

나는 거의 넋을 잃은 채 슬픔과 몽상으로 날을 지새웠다. 시간은 독수리가 그 먹이를 낚아채듯 나를 집어삼켰다. 몇 번이고 지난 세대의 서책과 성경 읽기에 매달려 나 자신의 불행을 잊으려 애를 썼지만 그것조차 기쁨과 함께 사그라지는 불꽃처럼 허망한 일이었다. 과거 역사엔 비극과 울부짖는 소리 말고는 아무것도 없었기 때문이다. 〈욥기〉는 〈시편〉보다는 매혹적이었으며 〈솔로몬의 아가(雅歌)〉보다 〈예레미야 애가(哀歌)〉가 내 마음을 온통 끌어당겼다. 《햄릿》은 서구 작가들이 써낸 그 어떤 드라마보다 내 가슴에 깊이 와닿았다. 이렇게 절망은 우리의 눈을 흐리게 하고 귀를 막아버리는 것이다. 절망에 빠진 사람은 파멸의 유령밖에 아무것도 볼 수 없게 된다. 들리는 것이라곤 오직 터질 듯한 심장의 고동소리뿐.

죽음의 보좌 앞에서

그리스도와 이슈타르 사이에서

　베이루트를 레바논과 연결하는 언덕 한가운데 흰 바윗덩이를 파내서 세운 아주 오래된 사원이 한 채 있다. 사원은 올리브와 편도나무, 그리고 버드나무숲으로 에워싸여 있다. 시내에서 반 마일 가량 떨어진 이곳은 고대 유적에 흥미를 가진 아주 적은 사람들만이 가끔 찾아들곤 했다. 그곳은 레바논에서 잊혀진 숱한 장소 중 한 곳이었다. 더구나 시내에서 동떨어진 한적한 사원이었던 까닭에 그곳은 예배자들을 위한 안식처이기도 했지만 외로운 연인들을 위한 성소(聖所)가 되기도 했다.
　이 사원에 들어서는 사람은 누구나 바위에 새겨진 옛 페니키아의 그림을 볼 수 있다. 동쪽 벽 위에 새겨진 이 그림은 각각 벌거벗은 채 다른 자세로 서 있는 일곱 명의 처녀들에게 둘러싸여 옥좌에 앉아 있는 사랑과 미의 여신 이슈타르를 묘사한 것이다.
　첫 번째 처녀는 횃불을 들고 있고, 두 번째 처녀는 기타를 들고 있다. 세 번째 처녀는 향로를, 네 번째 처녀는 술 항아리를 들고 있으며, 다섯 번째 처녀는 장미꽃 가지를, 여섯 번째 처녀는 월계수 꽃다발을 들고 있다. 또한 일곱 번째 처녀는 활과 화살을 들고 있는데, 이 일곱 처녀들이 하나같이 이슈타르를 경건하게 바라보고 있는 그림이다.

두 번째 벽에는 또 다른 그림이 있는데, 첫 번째보다 한결 현대적인 그림이다. 십자가에 못 박힌 그리스도를 상징하는 그림 곁에는 슬픔에 잠긴 성모 마리아와 막달라 마리아, 그리고 울고 있는 두 여인이 서 있다. 이 그림은 15~16세기경의 비잔틴 양식을 보여주고 있다.

(고대 유적을 연구하는 학자들에 의해 대부분 동양에 세워진 그리스도 교회는 옛 페니키아와 그리스 신들을 위한 사원이었음이 밝혀졌다. 다마스커스나 안티오키아, 콘스탄티노플에는 수많은 이교도들의 대건축물이 있는데 이들 또한 나중엔 교회로, 다음엔 회교사원으로 탈바꿈했다.)

서쪽 벽에 딸린 두 개의 둥근 창을 통해 들어오는 태양빛을 받은 그림은 마치 황금 물감으로 그린 것처럼 느껴졌다. 사원 한가운데에는 옛 그림이 하나씩 그려진 정사각형의 대리석이 있는데, 그중 어떤 것들은 고대 사람들이 제물을 바치고 그 위에 향료와 포도주와 기름을 부었음을 보여 주는 흔적들로 덮여 있어 거의 알아볼 수 없다.

그 작은 사원 안으로 들어서면 언제나 깊은 정적이 감돌았다. 마치 살아 있는 사람들에게 지난 세대의 비밀과 종교의 진화에 대한 말없는 교훈을 전하려는 듯. 오랜 침묵과 신비의 장막에 가려진 환상적인 분위기에 물들어 시인은 현실 세계를 벗어나 상상의 나래를 펼칠 수 있게 되고, 철학자라면 인간이 태어날 때부터 종교적이라는 사실을 깨닫게 된다. 이같은 정경은 인간의 눈으로 볼 수 없는 세계에 대한 동경과 당대를 살아가는 사람들의 숨겨진 욕망의 비밀을 드러내는 여러 가지 상징을 나타내고 있는 것이다.

그 이름 없는 사원 안에서 나는 한 달에 한 번씩 셀마를 만나 그 낯선 그림들을 감상하고 십자가에 못 박힌 그리스도를 생각하며 시간을 보냈다. 또한 이슈타르 여신을 위해 향을 피우고 예배드리며 여신의 아름다움을 사랑하고 숭배했던 젊은 페니키아 연인들을 떠올리기도 했다. 지금 그 사람들은 '영원'에 머물며 단지 몇몇의 이름으로만 기억되리라.

 그곳에서 셀마를 만났을 때의 추억을 이야기한다는 것은 나로선 몹시 괴로운 일이다. 행복과 슬픔, 희망과 불행으로 뒤섞였던 저 천상의 시간에 대해서 내가 어찌 표현할 수 있을까. 우리는 그 오래된 사원에서 남몰래 만나 지난날을 회상하고 우리가 겪는 현실을 이야기했으며 다가올 미래에 대한 두려움에 사로잡히기도 했다. 우리는 가슴속 밑바닥에 숨겨둔 비밀을 끄집어냈고, 서로 비참한 처지와 고통을 호소하면서 헛되고 슬픈 희망으로 우리 자신을 위로하려고 애쓰기도 했다. 이따금 서로의 눈물을 닦아 주면서 평온한 마음으로 시간을 보낼 때도 있었다. 그럴 때 우리는 '사랑'말고는 모든 것을 잊은 채 미소지었다. 우리는 가슴이 녹아내릴 때까지 서로를 껴안았다. 언제 보아도 청순한 셀마가 내 이마 위에 입술을 새겨놓을 때면 내 마음은 황홀경에 취했다. 이때 그녀의 볼은 동산 위에 비치는 새벽녘 첫 햇살처럼 발그레한 빛을 띠었고, 곧 수줍은 듯 상앗빛 목을 숙이곤 했다. 그러면 나는 그녀의 입맞춤을 되돌려주며 또다시 행복감에 빠져들었다. 그런 다음 구름이 오렌지빛으로 물드는 해질녘 지평선을 말없이 바라보기도 했다.

 우리의 대화는 단지 사랑에 대한 것만은 아니었다. 우리는 종종 세상 돌아가는 이야기를 나누며 서로 생각을 주고받기도 했다. 셀마는 지난 세대의 낡은 관습에 희생당한 여성의 사회적 처지를 비롯해 그런 불합리한 사회적 관습이 자신의 성격

부러진 날개

형성에 미친 영향이며 남편과 아내 관계, 그리고 결혼 생활을 위협하는 영혼의 질병과 타락에 대해 이야기했다. 나는 그녀가 이런 말을 했던 걸 기억한다.

"많은 시인들과 작가들이 여성의 실체를 이해하려 노력해왔지만 사실 그들은 제대로 알고 있는 게 아직 아무것도 없어요. 그들은 단지 성적인 관점에서만 여성을 바라보기 때문에 결국 겉모습밖엔 보지 못하지요. 증오의 확대경을 통해 여성을 바라보면 연약함과 복종을 강요당하는 존재 말고는 아무것도 보지 못해요."

언젠가 또 그녀는 사원 벽에 새겨진 그림을 가리키며 말했다.

"이 그림엔 여성의 본질을 묘사하고 그 영혼에 숨겨진 비밀을 드러내는 상징이 두 개 있군요. 말하자면 사랑과 슬픔 사이, 애정과 희생 사이, 옥좌에 앉아 있는 이슈타르와 십자가 곁에 선 마리아 사이에 있는 여성의 모습이에요. 남자들이 영광과 명예를 얻기 위해선 결국 여성들이 그 값을 치러야 한다는 것이지요."

사원 위를 날아다니는 새들과 하느님을 제외하고는 아무도 우리의 밀회를 눈치채지 못했다. 셀마는 파샤 공원이라 불리는 곳까지는 항상 마차를 이용했고, 그곳에서부터 사원까지 오랜 시간을 걸어와 초조히 자신을 기다리고 있던 나를 만났다.

우리는 결코 사람들 눈을 두려워하지 않았다. 양심이 우리를 괴롭히지도 않았다. 우리 영혼은 불꽃으로 정화되고 눈물로 씻겨진 것이었기에 사람들의 이목 따위에 움츠러들 필요가 없었다. 우리는 인간의 가슴에 품은 진실한 애정을 모른 체하는 낡은 관습이나 노예법 따위에 얽매이고 싶지 않았다. 그러므로 우리 영혼은 하느님의 보좌 앞에서 부끄러움 없이 당당히 설 수 있었다.

무려 7천 년 동안이나 부패한 법률에 굴복해왔던 인간 사회 통념으로는 보다 우월하고 영원한 법률의 뜻을 이해할 수 없다. 이미 오래전부터 촛불의 어렴풋한 빛에 익숙해져버린 인간의 두 눈으로는 햇빛을 쳐다볼 수 없는 것과 마찬가지인 것이다. 그리하여 영혼의 질병은 한 세대에서 다음 세대로 유전되었다. 그 결과 사람들은 마침내 그것을 질병이 아니라 하느님이 아담에게 내려준 자연의 선물로 생각하기에 이르렀다. 만약 사람들이 이러한 질병에 물들지 않는 누군가를 발견한다면 그는 곧 치욕의 상징으로 낙인찍힐 수밖에 없으리라.

셀마 카라미가 남편이 있는 가정을 떠나 사원에서 나를 만났다는 사실 하나만으로 그녀를 사악하다고 몰아붙이는 사람들은 건강하고 건전한 사람을 병들고 심약한 사람으로 모는 것과 같다. 그들은 섣불리 대낮에 거리로 나왔다가 짓밟혀 죽을까 두려워 어둠 속을 기어다니는 벌레 같은 인간들이다.

아무 죄도 없이 감옥에 갇혔고 도망칠 수 있는 상황에서도 탈옥하지 않는다면 그는 비겁자인 것이다. 죄 없이 억압받는 처지에 있던 셀마는 자기 자신을 해방시킬 수가 없었다. 그렇듯 깨끗한 그녀가 감옥 창문을 통해 초록빛 들판과 드넓은 하늘을 바라본다는 이유로 비난받아야 한단 말인가? 그리스도와 이슈타르 사이에 있는 셀마가 잠시 내 곁에 앉아 있기 위해 가정을 벗어났다고 해서 사람들은 그녀가 남편을 배신했다고 단정할 수 있을까? 어쨌거나 상관없는 일이다. 셀마는 영혼을 잠식하는 늪에 빠진 채 울부짖는 이리떼와 독사들 때문

부러진 날개

에 도저히 옴짝달싹 할 수 없는 몸이었다. 나에 대해서도 저들 좋을 대로 지껄여대지만 아무래도 상관없다. 죽음의 정령을 목격한 영혼에게 도적떼 따위는 조금도 두렵지 않기 때문이다. 머리 위에서 칼날이 번쩍이고 발 아래 무참한 피의 강물이 넘쳐나는 일을 겪은 병사는 거리에서 아이들이 던지는 돌 따위엔 마음조차 쓰지 않는 법이니.

희생

늦은 6월의 어느 날, 사람들이 더위를 피해 도시를 떠날 무렵 나는 아름다운 안달루시아를 노래한 자그마한 시집을 들고 셀마를 만나기 위해 사원으로 갔다. 그리고 사원 한 구석에 앉아 시집을 읽으며 셀마를 기다렸다. 시를 음미하는 동안 가슴속에 황홀한 도취감이 가득 차오르는 것을 느꼈다. 내 영혼은 그 옛날 모든 희망을 뒤로 한 채 그라나다에 작별을 고하고 회한의 눈물을 흘리며 저들의 궁궐을 떠나야 했던 왕들과 시인들, 기사들에 대한 걷잡을 수 없는 연민에 빠져들었다.

한 시간이 채 못 되어서 셀마가 정원 한가운데를 가로질러 사원으로 가까이 다가오고 있었다. 그녀는 마치 세상 모든 근심을 양어깨에 짊어지고 있는 것처럼 양산을 무겁게 받쳐들고 나를 향해 걸어왔다. 이윽고 그녀가 내 곁에 앉았을 때 나는 그녀의 눈 속에서 뭔가 심상찮은 변화가 있었음을 알 수 있었다. 나는 대체 무슨 일이 있었는지 묻고 싶어 애가 탔다.

셀마는 내 마음이 원하는 것이 무엇인지 곧바로 알아차렸다. 그녀가 내 머리 위에 손을 얹으며 입을 열었다.

"가까이 와요, 내 사랑. 어서 내 마음속 갈증을 달래줘요. 결국 이별의 시간이 오고 말았으니까요."

"당신 남편이 이곳에서 우리가 몰래 만나고 있다는 걸 알아냈군요?"

희생

그녀는 내 물음에 대답했다.

"남편과는 상관없는 일이에요. 그는 내게 신경 쓰지도 않고 심지어 내가 하루를 어떻게 보내는지조차 알지 못한답니다. 가난하고 불쌍한 매춘부들과 놀아나느라 정신이 없기 때문이죠. 그 여자들은 정말이지 빵을 위해 몸을 팔 수밖에 없는 피와 눈물로 빚어진 사람들이에요."

나는 다시 물었다.

"그렇다면 당신이 이곳으로 와서 나를 만나지 못하도록 하는 게 대체 뭐죠? 하느님 앞에서도 떳떳한 우리에게, 이별을 청하는 것이 당신 자신이란 말입니까?"

그녀의 두 눈에 눈물이 맺혔다.

"아니에요, 내 사랑. 내 영혼은 이별을 원하지 않아요. 당신은 내 분신이나 마찬가지니까요. 내 눈은 당신을 아무리 오래 보고 있어도 결코 지치는 법이 없어요. 당신이 바로 내 눈의 빛이니까. 하지만 만약 무거운 족쇄에 묶여 삶의 험난한 길을 걸어가야 하는 것이 내 운명이라면 당신마저 그렇게 만들 순 없어요."

그러더니 셀마는 이렇게 덧붙였다.

"지금 모든 걸 이야기할 수는 없어요. 내게 닥친 불행과 고통 때문에 혀는 얼어붙었고 입술은 닫혀버렸기 때문이에요. 다만 한 가지 말할 수 있는 건, 당신마저 나와 같은 함정에 빠질까봐 두렵다는 것뿐이에요."

"그게 대체 무슨 말이오, 셀마? 당신이 누굴 두려워한다는 게요?"

그녀는 두 손으로 얼굴을 감싸면서 대답했다.

"주교는 내가 자신이 만든 무덤에서 한 달에 한 번씩 빠져

나가고 있다는 사실을 진작 눈치챘어요."

"우리가 여기서 만나는 걸 주교가 알아냈다구요?"

그녀가 대답했다.

"아니요, 만약 그랬다면 당신 곁에 이렇게 앉아 있을 수도 없겠죠. 하지만 그는 의심을 품기 시작했고 하인과 문지기한테까지 나를 철저히 감시하라고 시켰어요. 집에서는 물론이고 길을 걸을 때도 모든 사람들이 나를 지켜보는 것 같고, 나를 손가락질하며, 내 마음속 생각까지도 엿보는 것 같아요."

한동안 그녀는 침묵을 지켰다. 그러더니 이윽고 양 볼에 눈물을 떨구면서 덧붙이는 것이었다.

"그렇다고 해서 주교를 두려워하는 건 아니에요. 기왕 물에 빠진 사람이 옷 젖는 것을 겁낼 리 없으니까요. 하지만 나는 당신까지 주교의 함정에 빠져 희생당할까봐 두렵답니다. 당신은 아직 젊고 햇빛처럼 자유로우니까요. 나는 내 가슴에 독화살을 쏘아댄 운명이 두려운 게 아니에요. 나는 당신이 사악한 뱀에게 발목을 물려 미래의 기쁨과 영광이 쌓인 저 산꼭대기에 오르지 못할까봐 겁나는 거예요."

나는 말했다.

"대낮에 뱀에게 물려보지 않고 한밤중에 이리에게 뜯겨보지 않은 사람은 언제까지나 낮과 밤의 위험을 알지 못할 거요. 하지만 정신 차리고 내 말을 들어봐요, 셀마. 사람들의 사악함과 비열한 함정을 피하는 유일한 방법이 이별뿐일까요? 오로지 죽음의 뜻에 복종하는 것밖에는 사랑과 자유를 지킬 수 있는 길이 없단 말이오?"

"그래요, 우리가 서로 작별인사를 하는 것밖엔 달리 방법이 없어요."

순간 분노가 울컥 치밀어올랐다. 나는 그녀의 손을 쥐고 흔들며 흥분해서 목청을 높였다.

"우린 오랫동안 양보만 하고 살아왔어요. 처음 만난 순간부터 지금 이 순간까지 눈먼 자들에게 이끌려 저들의 우상 앞에서 고개를 숙여왔단 말입니다. 주교는 우릴 손 안에 쥐고 흔들며 자기 마음 내키는 대로 두 개의 공을 던지듯 이리저리 내몰았어요. 언제까지 이런 식으로 주교의 허수아비 노릇을 하자는 거요? 하느님은 죽는 날까지 그런 자들에게 짓밟히며 살아가라고 우릴 이 세상에 내보냈단 말입니까? 우리더러 노예의 그림자가 되라고 자유를 주었을까요? 스스로 영혼의 불꽃을 꺼버리는 사람이야말로 이단자가 되는 거요. 우리 영혼 속에서 타오르는 불을 지펴주신 분이 바로 하느님이기 때문이죠. 억압에 맞서 싸우지 않는 자는 스스로 불의를 저지르고 있는 것과 같소. 셀마, 당신을 사랑하오. 당신 또한 나를 사랑하잖소. 사랑은 신이 내린 우리 영혼의 귀중한 보물이라오. 이토록 소중한 보배를 함부로 내팽개쳐 저 돼지들이 짓밟아 산산이 부서지도록 놔두잔 말이오? 이 세상은 아름다움과 신비로 가득 차 있소. 무엇 때문에 우리가 주교와 그 앞잡이들이 파놓은 이 좁은 굴 속에서 살아야 한단 말이오? 삶은 행복하고 자유로운 것이오. 그런데도 왜 우린 이 무거운 멍에와 쇠사슬을 끊어버리고 평화를 향해 자유롭게 걸어가지 못하는 거요? 일어나요, 하느님의 위대한 사원을 찾아 떠납시다. 이 천하고 무지한 도적들 손이 미치지 않는 멀고 먼 나라로 갑시다. 밤이 깊으면 해안으로 가서 바다 건너로 우릴 데려다줄 배를 탑시다. 이 나라를 떠나면 행복과 이해로 가득 찬 새로운 삶을 발견할 수 있을 거요. 서두릅시다. 셀마, 지금 이 순

부러진 날개

간이야말로 우리에겐 왕관보다 더욱 값지고 천사의 날개보다 더 숭고한 순간이 될 것이오. 자, 이 황폐한 사막을 벗어나 향기로운 꽃과 식물들이 자라는 푸른 들판으로 우릴 인도할 빛의 기둥을 따라갑시다."

셀마는 내 말에 고개를 저으며 허공을 보았다. 그녀 입술에 슬픔을 자아내는 미소가 떠올랐다.

"아니, 그건 안 돼요, 내 사랑. 하느님은 식초와 담즙으로 가득 찬 잔을 내 손에 쥐어주셨어요. 나는 그 밑바닥에 깔린 시고도 쓴맛을 알기 위해 마지막 한 방울까지 억지로라도 마셔야 해요. 어쨌거나 나는 이 고통의 잔을 끈기 있게 다 비울 거예요. 나는 사랑과 평화가 넘치는 새 삶을 누릴 자격이 없어요. 인생의 아름다움과 즐거움을 감당할 만큼 강하지 못하니까요. 날개 부러진 새가 하늘을 날 수는 없잖아요. 나 또한 촛불의 흐릿한 빛에 길들여졌기 때문에 태양을 똑바로 쳐다볼 수가 없답니다. 제발, 내게 행복에 대해서 말하지 마세요. 그런 추억은 날 고통스럽게 만들 뿐이니까요. 평화에 대해서도 말하지 말아요. 그 역시 날 두렵게 하니까요. 나를 똑바로 쳐다봐요. 내 가슴의 잿더미 속에 불붙은 성스러운 불꽃을 당신에게 보여주겠어요. 당신은 알고 있겠죠? 어머니가 단 하나뿐인 자식을 사랑하듯이 내가 당신을 사랑한다는 것을. 사랑은 어떤 경우라도 당신을 지킬 것만을 내게 가르쳐주었습니다. 심지어 나 자신으로부터도……. 이곳을 떠나 다른 세상으로 당신을 따라가지 못 하도록 날 막는 것은 불로써 정화된 사랑이랍니다. 사랑은 당신이 자유롭고 올바르게 살 수 있도록 내 욕망을 버려야 한다고 가르칩니다. 사랑하는 대상을 차지하려는 것은 끝이 보이는 사랑입니다. 오직 사랑 그 자체만을 바라는 사랑만이 무한한 사랑입니다. 천진난만한 젊음이 깨어나는 시기에 오는 사랑은 소유에 만족하고 포옹과 함께 자라지요. 하지만 하늘의 무릎에서 태어나 밤의 비밀과 함께 내려온 사랑은 영원불멸의 가치만을 좇습니다. 또한 신성한 목적 외에는 그 어떤 경우에도 고개 숙이지 않는답니다.

주교가 나를 감시하며 내 유일한 즐거움을 앗아 가려는 걸 알았을 때, 나는 내 방 창문 앞에 서서 바다를 바라보았습니다. 바다 건너 저 넓은 세상에서 찾을 수 있는 진정한 자유와 나 자신의 독립을 떠올리자 나는, 당신 영혼의 그림자에 에워싸여 애정의 대양에 몸을 담그고 당신과 함께 살고 있음을 느꼈어요. 하지만 한 여인으로 하여금 낡은 관습에 맞서고 자유와 정의의 그늘에서 살고 싶은 열망을 준 이 모든 생각은, 곧 내가 연약하기 때문에 우리의 사랑이 유한하고, 아직은 모든 게 부족해 태양 앞에 바로 설 수조차 없다는 사실을 깨우쳐주었어요. 나는 마치 멸망한 왕국의 왕처럼 슬프게 흐느껴 울었어요. 하지만 곧 내 눈물에 어린 당신 얼굴과 나를 바라보는 당신의 두 눈을 보게 되었죠. 그러자 어느 땐가 당신이 내게 했던 말이 떠올랐어요. '이리 와요, 셀마. 자, 우리, 폭풍우 앞에서도 결코 무너지지 않는 탑처럼 강해집시다. 우리, 적의 총칼 앞에서도 겁내지 않는 용감한 병사가 됩시다. 우리는 죽더라도 사랑의 순교자처럼 죽을 것이며, 승리한다면 영웅처럼 살 거요. 고난에 용감히 맞서는 것은 장벽 뒤로 숨어 평온을 구걸하는 것보다 고귀한 거요.' 내 사랑, 당신은 죽음의 날개가 내 아버지 침상 주위를 떠돌고 있을 때 이 말을 해주셨죠. 나는 어제 절망의 날개가 내 머리 위를 떠돌고 있을 때 이 말을 기억해냈어요.

부러진 날개

나는 스스로 기운을 내자고 다짐하며 용기를 가졌어요. 그러고는 어둠의 감옥에 갇힌 동안 우리를 곤경에서 구해주고 슬픔을 덜어줄 어떤 종류의 값진 자유를 느꼈답니다. 나는 우리 사랑이 바다처럼 깊고 별처럼 높으며 하늘처럼 넓다는 것을 깨달았어요. 그런 다음 당신을 만나기 위해 이곳으로 달려왔어요. 이제 내 연약한 영혼 속에는 새로운 힘이 생겨났어요. 이 힘은 더욱 위대한 것을 위해 그보다 조금은 작은 걸 희생시킬 수 있는 능력이랍니다. 그리고 그 능력이란, ……바로 당신이 여전히 고결하고 명예로운 존재로 남아 다른 사람들의 음모와 괴롭힘에서 벗어날 수 있도록 내 자신의 행복을 희생하는 것입니다…….

지난날 이곳에 왔을 땐 마치 무거운 쇠사슬에 묶여 금방이라도 쓰러질 것만 같았어요. 하지만 오늘 나는 그런 쇠사슬 따위를 무시하고 깃털처럼 가벼운 마음으로 여기에 왔답니다. 늘 겁에 질린 유령처럼 이 사원으로 왔던 내가 오늘은 고통의 진가를 아는 용감한 여인처럼 기꺼이 희생을 감수하러 왔던 거예요. 사랑하는 사람을 보호하기 위해, 무지한 권력자들, 심지어 자신의 굶주린 영혼까지도 경계하는 여인으로 말이에요. 이제껏 나는 줄곧 떨리는 그림자로서 당신 곁에 앉아 있곤 했지만, 오늘은 이슈타르와 그리스도 앞에서 당신에게 내 참모습을 보여주려 이곳에 왔답니다.

나는 그늘 속에서만 커온 나무와 같아요. 오늘 나는 잠시나마 햇볕 아래 서기 위해 떨리는 내 가지들을 내뻗은 거예요. 나는 당신께 이별을 고하려고 이곳에 왔어요, 내 사랑. 우리의 이별은 우리 사랑처럼 위대한 선택이 될 거예요. 그것이 바로 제 희망이랍니다. 우리의 이별이 뜨거운 불로 황금을 단련시키듯이 고통으로 더욱 눈부시게 빛나는 불꽃이 되도록 만들어요."

셀마는 무슨 말이든 내게 반박할 여지를 주지 않았다. 그녀의 두 눈은 강인한 빛을 내뿜고 있었다. 그녀의 눈빛과 얼굴은 천사처럼 고요한 위엄을 간직하고 있었다. 갑자기 그녀가 내게로 온몸을 던지며 그 보드라운 두 팔로 나를 힘껏 껴안았다. 이것은 이전까지만 해도 결코 상상조차 할 수 없는 일이었다. 셀마는 내 입술에 길고도 깊은, 뜨거운 입맞춤을 새겨주었다.

태양이 나무들에 비친 모든 빛을 거두어가고 있었다. 셀마는 사원 한가운데로 걸어가 그 벽 구석구석을 오랫동안 들여다보았다. 마치 그 그림 위에 자기 눈의 광채를 온통 쏟아붓고 싶은 듯이. 그녀는 그리스도의 벽화 앞에 경건하게 꿇어앉아 다음과 같이 속삭였다.

"오, 주여, 저는 이슈타르의 쾌락과 행복의 세계를 버리고 당신의 십자가를 택했나이다. 또한 월계수 꽃다발을 버리고 가시관을 택했으며, 향료 대신 피와 눈물로 제 자신을 씻었나이다. 포도주와 감로수도 버리고 식초와 담즙이 든 술잔을 들었나이다. 그러니 부디 당신을 따르도록 허락하소서, 주여. 그리하여 고난과 슬픔을 기꺼이 받아들이며 당신을 택했던 사람들과 함께 저를 갈릴리로 인도하소서."

기도를 마친 뒤 그녀는 일어서서 내게 말했다.

"이제 나는 소름끼치는 유령들이 득시글대는 내 어두운 동굴로 기쁘게 돌아갈 거예요. 내 사랑, 날 동정하거나 가엾게 여기지 말아주세요. 한 번이라도 하느님의 그림자를 맞이했던 영혼은 결코 악마의 유령을 두려워하지 않으니까요. 일단 저

부러진 날개

하늘의 세계를 보게 된 눈은 이 세상 고통 따위로는 눈 감지 않는답니다."

말을 마친 뒤 셀마는 사원을 떠나갔다. 그리고 나는 온갖 상념의 깊은 바다에 빠진 채 엇나간 듯이 거기에 남아 있었다. 하느님이 보좌에 앉아 있고 천사들은 사랑과 슬픔과 불멸의 찬미가를 부르며 인생의 비극을 예언하고 있었다. 나는 그러한 계시의 세계에 흠뻑 빠진 채 점점 의식이 흐릿해지는 것을 느꼈다. 떠나기 전 셀마의 말 한 마디 한 마디를 몇 번이고 떠올리면서 그녀의 침묵, 그녀의 몸짓과 표정, 그 손의 감촉 등을 하나하나 되새기며 사원 한가운데서 넋이 빠져 있던 것이다. 내가 문득 정신을 차렸을 때는 이미 날이 어두워져 있었다. 그제야 나는 이별의 의미와 외로움의 고통을 사무치게 깨달았다. 내 마음은 갈기갈기 찢어졌다. 비록 남자들이 자유롭게 살아간다고는 해도 어차피 오래전부터 조상들이 만들어놓은 법률 안에서만큼은 절대로 자유로울 수 없는 존재였다. 하늘의 뜻이란 것도, 우리는 그것이 변함없는 진리라 여겨왔지만 실은 내일의 뜻에 대한 오늘의 양보이며, 오늘의 뜻에 대한 어제의 복종일 뿐이라는 걸, 그날 밤 나는 처음으로 깨달았다.

나는 셀마로 하여금 삶을 포기하고 죽음을 택하도록 한 이른바 영혼의 법률에 관해 수없이 번민했다. 한편 고결한 희생 또는 운명을 거스르고 얻는 행복 중에서 어느 것이 더 아름다운 선택인가에 대해서도 몇 번이나 생각해보았다. 그러나 이 날까지 그 모든 문제로부터 내가 얻을 수 있었던 결론이란 오로지 단 하나의 진실뿐이었다. 그 진실이란 바로 '성실'이었다. 성실이야말로 우리 인간의 온갖 행위를 아름답고 고귀하게 이끌어주는 것이다. 이 '성실'이란 바로 셀마 카라미라는 여인 안에 존재하고 있었다.

희생

구원자

　5년에 걸친 셀마의 결혼 생활은 한마디로 허망한 것이었다. 그녀와 남편 사이에는 그 둘의 영혼을 묶어줄 자식이 없었다.
　아이를 못 낳는 여성은 어디서나 멸시받기 마련이다. 남성들은 모두 후손을 통해 자기 자신의 존재를 영원히 이어가려 하는 욕망을 갖고 있기 때문이다. 더구나 좀더 현실적인 남자들은 아이를 못 낳는 아내를 적으로 생각하기까지 한다. 그리하여 단지 아이를 낳지 못한다는 이유만으로 아내를 내쫓거나 증오하며 마침내 그녀의 죽음을 바라기도 한다. 만수르 베이 갈리브는 그런 부류의 남자였다. 구체적으로 그는 강철같이 단단하고 무덤처럼 탐욕스러웠다. 그는 자신의 대를 이어 집안의 명예를 빛내줄 자식을 바라는 욕심 때문에 아름다운 셀마를 학대했던 것이다.
　동굴 속에서 자라는 나무는 열매를 맺지 못한다. 마찬가지로 셀마는 삶의 그늘에서 살았기 때문에 아이를 낳지 못하는 것이다…….
　나이팅게일은 자기 새끼들의 운명마저 노예처럼 되지 않도록 새장 안에는 아예 둥지를 만들지 않는다……. 셀마는 불행이란 감옥에 갇힌 죄수였다. 그녀가 자신의 비천한 삶을 이어갈 또 하나의 분신을 갖지 못한 것은 정녕 하늘의 뜻이었다. 들판의 꽃들은 태양과 자연의 사랑으로 낳은 아이들이다. 그와 같이 인간의 아이들 또한 사랑과 연민의 꽃들인 것이다.
　불행하게도 사랑과 연민이 라스 베이루트에 있는 셀마의 아름다운 집에 머물렀던 적은 한 번도 없었다. 그런데도 그녀는 밤마다 무릎을 꿇고 앉아, 가정에 평화를 가져다줄 아이를 낳게 해달라고 기도했다. 그리하여 신은 마침내 그녀의 기도에 응답했다…….
　나무는 결국 열매를 맺기 위해 꽃을 피웠다. 새장 속 나이팅게일도 스스로 날개를 움직여 둥지를 만들기 시작했다.
　셀마는 신의 귀중한 선물을 받기 위해 사슬에 묶인 두 팔을 하늘을 향해 내뻗었다. 어머니가 되는 것보다 그녀를 행복하게 만들 수 있는 것은 이 세상에 아무것도 없었다…….
　셀마는 하루하루 손꼽아 기다리며 자기 아이 목소리가 천상의 감미로운 선율처럼 귓전에 울리게 될 때를 고대했다.
　마침내 그녀는 좀 더 밝은 미래의 새벽을 바라보기 시작했다…….
　셀마가 생사의 갈림길에서 산고를 겪으며 마지막 진통을 시작한 것은 이듬해 4월이었다. 의사와 산파가 곁에서 그녀를 돌보며 이 세상을 찾아오는 새로운 손님을 받아들일 준비를 하고 있었다. 그날 밤 늦게 고통에 가득 찬 셀마의 울부짖음이 온 집안을 뒤흔들기 시작했다……. 생명이 생명으로부터 떨어져나오는 소리……. 무(無)의 창공에서부터 끊임없이 이어지는 울부짖음……. 위대한 힘의 침묵 앞에 몸부림치는 연약한 힘의 울부짖음……. 생과 사의 발 아래 누워 있는 처량한 셀마의 울음 소리.
　새벽녘에 셀마는 사내아이를 낳았다. 그녀가 눈을 떴을 때 방 안 가득 죽음의 그림자가 드리워져 있었다. 그녀는 불안에

구원자

떨며 주위를 둘러보았다. 산파와 의사의 표정이 몹시 어두웠다. 순간적으로 불길한 예감에 휩싸인 그녀는 눈을 감고 이렇게 부르짖었다.
"오, 내 아들."
산파가 아기를 비단 포대기에 싸서 셀마 곁에 눕혀주었다. 그러자 의사는 슬픔에 가득 찬 얼굴로 셀마를 바라보며 고개를 젓는 것이었다.
셀마가 아들을 낳았다는 기쁜 소식은 순식간에 이웃사람들을 잠에서 깨웠다. 그들은 아버지가 된 만수르 베이에게 후계자 탄생을 축하해주기 위해 앞다투어 달려왔다. 그때까지도 의사는 셀마와 갓난아기를 곤혹스런 눈빛으로 지켜볼 따름이었다.
하인들은 만수르 베이에게 아들이 태어났다는 소식을 전하려 바삐 움직였다. 그러나 의사는 여전히 낙담한 얼굴로 셀마와 그녀의 아이를 보고 있었다.
해가 떠올랐을 때 셀마는 마침내 의식을 되찾았다. 그녀는 갓난아기를 품에 안았다. 아기는 처음으로 눈 떠 그의 어머니를 보았다가는 곧 두 눈을 파르르 떨었다. 그러고는 마지막으로 그만 눈을 감고 말았다. 의사는 셀마의 팔에서 아기를 받아들었다. 그의 뺨에 눈물이 흘러내렸다.
"이 아이는 떠나가는 손님이었군."
의사의 탄식이었다.
이웃 사람들이 만수르 베이와 더불어 후계자 탄생을 축하하며 축배를 드는 동안 갓난아기는 저 세상으로 떠났다. 그 순간 의사를 붙잡고 애원하는 셀마의 절규는 사람들의 웃음소리에 묻혀버렸다.

"제발 아이를 데려가지 말아주세요. 그 애를 품에 안게 해주세요."

아이는 죽었는데, 홀에선 술잔 부딪치는 소리가 점점 요란해졌다.

새벽에 태어난 아이는 해가 떠오르자 죽었다⋯⋯.

아이는 사상처럼 태어나 한숨처럼 사그라들었고, 그리고 그림자처럼 사라져버렸다.

아이는 자기 어머니에게 위안을 줄 수 있을 만큼 살지 못했다.

아이의 삶은 밤의 끝에서 시작해 낮의 시작에서 끝이 났다. 마치 어둠의 두 눈에서 쏟아져 빛의 손길에 말라버린 이슬방울처럼.

밀물이 들 때 해안으로 밀려왔다가는 썰물에 깊은 바다 밑으로 쓸려 내려간 한 알의 진주⋯⋯. 삶의 꽃봉오리로 막 피어났다가 죽음의 발 아래 짓이겨진 한 송이 백합.

잠시 동안이지만 셀마 가슴에 불을 밝히고 곧바로 셀마의 영혼을 죽여버린 귀한 손님.

이것이 바로 한 인간의 생애이고 한 나라의 운명이며 해와 달과 별들의 한 생애인 것이다.

셀마는 의사에게 매달려 하염없이 울부짖었다.

"제 아이를 이리 주세요. 그 애를 안게 해주세요. 제 아이를 주세요. 그 애한테 젖을 먹이게 해주세요."

마침내 의사는 고개를 떨구었다.

"아이는 죽었습니다, 부인. 진정하십시오."

의사는 목이 메어 더 이상 말을 잇지 못했다. 순간 셀마는 끔찍한 울음을 터뜨렸다. 그런 다음 한순간 조용한 침묵이 흘렀다. 문득 그녀 얼굴에 환한 미소가 떠올랐다. 마치 새로운 사실이라도 발견한 것처럼. 이윽고 그녀가 조용히 입을 열었다.

"제 아이를 좀더 가까이 볼 수 있게 해줘요. 작별인사를 해야겠어요."

의사는 셀마의 팔에 죽은 아이를 안겨주었다. 그러자 셀마는 아이를 꼭 껴안고 벽 쪽으로 얼굴을 돌린 다음 나지막이 중얼거렸다.

"애야, 너는 날 데려가려고 왔구나. 나를 해안으로 이끌어 주기 위해 잠시 들렀던 거야. 자, 내 아들아, 이제 나와 함께 이 캄캄한 동굴을 빠져나가자꾸나."

잠시 후 햇빛이 유리창으로 들어와, 이제는 죽음의 날개에 덮여 침상 위에 누운 두 개의 고요한 육체 위로 내려앉았다. 의사는 눈물을 머금은 채 방을 나갔다. 그가 커다란 홀에 들어서자 축제의 마당은 곧 장례식으로 바뀌었다. 의사는 모든 사람들에게 셀마와 그 아들의 죽음을 전했다. 만수르 베이 갈리브는, 한마디 말도 없었고 눈물 한 방울도 흘리지 않았다. 그는 마치 석고상처럼 굳은 표정으로 꼼짝도 하지 않았다. 오른손에는 여전히 술잔이 들려 있었다.

…….

이튿날 셀마는 수의 대신 하얀 웨딩드레스를 입고 관 속에 누웠다. 비단 포대기에 싸인 갓난아기 관은 어머니의 두 팔이었으며, 그 무덤은 어머니의 고요한 가슴이었다. 두 구의 시체는 하나의 관 속에 담겨 운구되었다. 나는 셀마와 그녀의 아들을 묻어주기 위해 장지로 향하는 수많은 군중들 뒤를 말없이 따라갔다.

공동묘지에 이르자 갈리브 주교가 장례식을 집전하는 가운데 다른 사제들이 기도를 올렸다. 그들의 우울한 얼굴엔 무지와 공허의 장막이 짙게 드리워져 있었다.

하관식이 끝났을 때 조문객 중 한 사람이 이렇게 중얼거렸다.

"하나의 관 속에 두 구의 시체를 장례 지내는 걸 보기는 평생 처음일세."

또 다른 사람이 그 말을 받았다.

"이 애는 아무래도 무자비한 남편에게 억압당하는 자기 어머니를 구하기 위해 온 것 같군."

세 번째 사람이 입을 열었다.

"만수르 베이의 눈을 좀 보게. 마치 아무 감정도 없는 사람 같군. 도저히 하루아침에 아내와 자식을 모두 잃어버린 사람처럼 보이지 않아."

그러자 네 번째 사람이 이렇게 덧붙였다.

"내일이면 주교가 그를 재산도 많고 더 건강한 여자와 다시 결혼시키겠지."

무덤 파는 일꾼이 구덩이를 다 메울 때까지 주교와 사제들은 계속 기도문을 읊고 성가를 불렀다. 사람들은 저마다 주교와 그 조카에게 다가가 입에 발린 동정의 말로 조의를 전했다. 아무도 내게는 관심을 두지 않았다. 나는 마치 이방인처럼 무덤가 한켠으로 밀려나 외롭게 서 있었다. 셀마와 그녀의 아이가 내겐 아무 상관도 없다는 듯이.

장례식이 끝나자 사람들은 뿔뿔이 흩어져 공동묘지를 떠났다. 무덤 파는 일꾼 한 사람만이 손에 삽을 든 채, 새 무덤 곁에 서 있었다.

내가 그에게 물었다.

"혹시 패리스 에판디 카라미님이 묻힌 곳을 기억하시나요?"

그는 잠시 나를 쳐다보더니 셀마의 무덤을 가리켰다.

"바로 여기요. 나는 그의 딸을 그 시신 위에 묻었고 그 딸의 아들 또한 그 어머니 가슴 위에 묻었다오. 그리고 이 모든 것 위에 흙을 덮었소."

나는 그에게 말했다.

"이 무덤 속에 내 가슴도 함께 묻혔답니다."

무덤 파는 일꾼은 미루나무들 뒤로 천천히 걸음을 옮겼다. 그가 완전히 모습을 감췄을 때 나는 더 이상 참을 수가 없었고, 비로소 셀마의 무덤 위에 쓰러져 목놓아 울기 시작했다.

The Earth Gods
대지의 신

대지의 신

 열두 영겁의 밤이 내리고, 깊은 밤의 조류와도 같은 정적이 산봉우리를 뒤덮은 시간, 대지의 수호자인 세 명의 신이 산 위에 나타났다.
 강물은 신들의 발꿈치에서 흘렀고, 안개는 그들의 가슴 주변에 맴돌았다. 그리고 세 신의 머리가 이 세상 위로 장엄하게 떠올랐다.
 이윽고 신들은 이야기를 나누었다. 멀리 울리는 천둥소리와 같이, 그들의 목소리는 평원 위로 울려퍼졌다.

 첫 번째 신(神)
 바람이 동쪽으로 불고 있으니, 나는 남쪽으로 얼굴을 돌리련다. 바람이 죽은 것들의 냄새를 내 콧속에 마구 밀어넣기 때문이다.

 두 번째 신
 이것은 구운 고기의 향취다. 나는 그 달콤하고 기름진 향내를 맡으련다.

 첫 번째 신
 이것은 희미한 불길에 타고 있는 인간의 냄새다. 그 냄새는 허공에 지독하게 퍼져 있다. 그리고 지옥의 혼탁한 숨결과도 같이 나의 후각을 망치려 한다. 나는 냄새가 없는 북쪽으로 얼굴을 돌리련다.

두 번째 신
이것은 지금 내가 호흡하는, 영원히 들이마셔야 할 깊은 생각의 향내이다.
신들은 피로써 억눌린 인간들의 욕망과, 어린 영혼들이 희생하여 얼룩진 인간의 가슴과, 죽음과 함께 사는 자들의 끊임없는 탄식으로 더욱 강인한 인간의 근육을 갖고 산다.
희생자인 인간들의 왕좌는 여러 세대의 잿더미 위에 세운다.

첫 번째 신
모든 힘의 근원인 내 영혼은 지쳐 있다. 하나의 세상을 창조할 때나 혹은 소멸시킬 때나, 나는 전혀 움직이지 않을 것이다.
영겁의 무게가 나를 누르고, 끊임없는 바다의 신음이 내 잠을 빼앗아 갔다. 만약 죽을 수만 있다면 나는 다시 살지 않을 것이다.
내가 최초의 빛을 잃고 쇠잔한 태양과 같이 사라질 수만 있다면! 내 신성(神性)으로부터 그 힘을 빼앗고, 내 불멸성을 우주 공간으로 불러 내어 더 이상 내가 신이 아니었으면, 또 내가 시간의 기억 속에서 소멸해 무(無)의 공허 속으로 사라질 수만 있다면!

대지의 신

세 번째 신

나의 옛 형제들이여 들으라.

건너편 골짜기에서 한 젊은이가 밤새도록 그의 온 마음을 노래하고 있다. 금빛 하프를 연주하는 그 목소리는 금과 은이 부딪치는 것 같구나.

두 번째 신

나는 공허한 허무주의 따위를 알려고 하지는 않겠다.

나는 가장 어려운 길을 택할 수밖에 없었다. 계절을 따르고, 씨를 뿌려 그 싹이 땅을 뚫고 나오는 것을 지켜보겠다. 은밀한 장소로부터 꽃을 불러내 그 스스로 삶을 꾸려 나갈 힘을 주겠다.

폭풍이 그 꽃을 꺾으려고 숲 속에 몰아칠 때, 신비로운 어둠으로부터 인간을 끌어올려 그 자손들이 대지에 뿌리 내리게 하여 그에게 삶의 욕망을 불어넣어 주겠다. 또한 죽음을 그의 노예로 만들고 고통과 함께 시들게 하며, 열망을 더욱 거세게 하고 첫 포옹과 함께 시드는 사랑을 그에게 나누어주겠노라.

그들이 맞이하는 밤보다 나은 꿈으로 많은 날들을 채워주고, 환한 낮은 밤의 환상으로 채워주며, 그의 밤과 낮들은 영원히 짧게 하리라. 그의 공상을 산꼭대기 위로 나는 독수리처럼 만들고, 그의 생각은 넓은 바다에 몰아치는 폭풍우와 같이 만들겠노라.

그에게 결정의 덩어리를 옮겨놓기에 충분한 두 발을 주며, 그에게 신 앞에서 노래할 기쁨을 주고, 또한 우리에게 기도할 슬픔을 주고, 대지가 굶주림에 허덕이며 소리칠 때 그를 멸망시키겠노라.

대지의 신

그의 영혼을 창공 위로 높이 들어올려 우리의 미래를 미리 맛볼 수 있게 하며, 그의 육체를 진흙 속에 엉기게 하여 과거를 잊지 못하게 하리라.

이렇게 우리는 대지의 시간이 끝날 때까지 인간을 다스릴 것이다. 그 어머니의 울부짖는 소리로 시작해 아이들이 슬피 탄식하며 끝나는 생명의 숨으로 인간을 다스리리라.

첫 번째 신
내가 목이 마르더라도 연약한 종족의 여린 피를 마시지는 않으련다.

불결한 술잔에 담긴 술이 내 입에는 쓰기만 하다. 나는 그대와 똑같이 점토를 빚어 숨쉬는 형상을 만들었다.

그 점토로 빚은 형상들은 내 젖은 손에서 빠져나와 습기 찬 언덕의 숲으로 갔다. 나는 그대와 똑같이 삶의 어두운 심연을 환하게 밝혀왔고, 점토로 빚은 형상들이 동굴에서 기어나와 바위산으로 가는 것을 지켜보았다.

나는 그대와 같이 봄을 불러 모아 대지를 아름답게 꾸몄다. 생산과 번식을 위해 젊음을 하나로 맺을 미끼로써.

그대처럼 나는 인간을 성지(聖地)에서 성지로 인도했으며, 보이지 않는 사물에 대한 무언의 두려움을, 일찍이 전해진 바 없는 우리에 대한 두려움과 신앙으로 전환했다.

그대처럼 나는 거친 폭풍우를 인간 머리 위에 내려 그들을 굴복시켰고, 인간이 우리에게 구원을 갈망할 때까지 그가 서 있는 대지를 흔들었다.

인간이 우리를 부르며 죽어갈 때까지, 나 또한 그대처럼 사나운 대양을 그가 살고 있는 섬으로 이끌었다. 나는 이 모든 것들 외에도 그 이상의 것을 해주었다.

  그런데 내가 한 모든 일은 공허하고 헛된 짓이었다. 잠에서 깨어나면 공허하고 잠이 들어도 허전했다. 그리고 잇단 그 모든 것들이 다 꿈이었다.

세 번째 신
내 거룩한 형제들이여!
  저기 작은 숲에서 한 소녀가 머리 위에 수천 개 별을 얹고, 발에는 수많은 날개를 달고 달빛에 춤추고 있네.

두 번째 신
  우리는 우리의 포도나무인 인간을 이 땅에 심었고, 첫새벽의 보랏빛 안개 속에서 대지를 일궈왔다.
  그 동안 포도나무의 가냘픈 가지가 성장하는 것을 지켜보았고, 끊임없는 세월 동안 여린 나뭇잎들을 돌보았다. 연약한 존재들을 쓰러뜨리기 위해 덤벼드는 그 모든 공격으로부터 싹들을 보호했고, 사악한 것으로부터 꽃들을 지켜왔다.
  지금, 우리의 포도나무에는 포도가 영글었다. 이제는 그 열매를 거두어 즙을 내야 할 것이다.
  그대가 아니면 어떤 힘센 손이 있어 열매를 거두겠는가?
  그대 갈증을 채우는 일밖에 어느 고귀한 목적에 포도주가 쓰이리요?
  인간들은 신들을 위한 음식에 불과하며, 인간의 영광은 그 목적 없는 숨결이 신들의 신성한 입술에 닿았을 때 비로소 시작하는 것이다.

대지의 신

첫 번째 신

그렇지, 인간은 신을 위한 희생물에 불과해!

인간의 모든 것들은 결국 신들의 식탁 위로 오르지! 임신과 출산의 고통, 고요한 밤 정적을 가르는 갓난아이의 울부짖음, 젖가슴으로 아기의 생명을 불어넣어주기 위해 졸음과 싸우는 어머니의 고뇌, 고통받는 젊음의 분노에 찬 숨결, 욕망과 정열의 괴로운 흐느낌들, 버린 땅을 일구는 땀에 젖은 눈썹, 삶의 의지에 역행하는 핏기 없는 노인의 회한. 보라! 이것이 인간이다.

인간적인 것 그 자체로서 남는다면 모든 것은 무의미하다. 어린아이들의 순수함, 젊음의 향긋한 유혹, 억센 인간의 정열, 지긋한 나이의 지혜. 왕의 영광, 병사들의 승리, 시인의 명상, 사상가들의 명예, 이 모든 것과 그 안에 존재하는 모든 것들은 다 신들의 양식이다.

만일 신들이 이 모든 것들을 입으로 가져가지 않는다면, 인간이란 존재는 하찮고 쓸모없는 빵 조각에 불과하다.

그러므로 인간은 마치 소리를 내지 못하는 곡식이 나이팅게일의 양식이 됨으로써 사랑의 노래로 변하듯 신을 위한 제물로써 만족해야 한다.

인간은 배고픔 속에 자라 신들을 위한 음식으로 변하는 동물, 사악한 그늘의 밤에 먼지처럼 꽃피우는 식물.

슬픔과 공포와 수치심으로 가득한 포도 열매.

세 번째 신

형제들이여, 두려움에 떠는 내 형제들이여, 젊은이가 어찌나 슬픈 노래를 하고 있는지 참으로 고결하구나.

그 목소리는 숲속을 뒤흔들고, 하늘을 찌르고, 대지의 선잠을 깨우는구나.

두 번째 신
꿀벌은 그대들 귓가에서 거칠게 노래한다. 그대들 입술에 묻은 꿀은 너무나 불결하다.
내 기꺼이 그대들을 위로해주고 싶지만, 어떻게 해야 할까?
신이 신들을 외쳐 부를 때, 그 소리는 오직 심연 속을 맴돌 뿐, 신과 신 사이에 놓인 심연은 감히 가늠할 수 없는 것, 그 공간엔 바람 한 점 없구나.
하지만 나는 그대를 위로해주리라. 구름 덮인 그대들의 하늘을 청명하게 만들어주겠노라. 그리고 비록 우리의 힘과 지혜가 동등하다 할지라도 난 이렇게 충고하리라.
대지가 혼돈에서 벗어나고, 태초의 생명인 우리가 티끌 한 점 없는 광명 속에서 서로를 보았을 때, 우리는 대기와 바다의 흐름을 촉진시켜 첫 번째의 고요한 전율을 호흡했노라.
그때 우리는 손을 맞잡고 잿빛만이 가득한 태초의 세상을 걸었고, 우리의 나른한 첫 발자국의 울림으로 시간은 태어났도다.
바로 그것이 네 번째 신이었노라. 그 신은 우리 사상과 욕망에 명암을 나타내주고, 우리 눈에만 그것들이 보이게 했지.
그러나 대지에 생명이 싹트고, 그 생명에는 우주의 신비한 가락인 영혼이 깃들었노라.
우리는 그 생명과 영혼을 지배했으며, 우리가 일곱 영겁의 한낮에 바다와 태양을 결혼시킬 때까지는 그 어떤 존재도 세월의 희미한 꿈의 무게를 잴 수 없었을 것이다.

대지의 신

갓 결혼한 바다와 태양의 황홀한 신방으로부터, 우린 비록 나약하지만 충성스러운 혈통을 간직한 인간을 얻었노라.

우리는 별을 보며 황야를 걷는 인간을 통해 대지의 저 먼 곳에 이르는 통로를 찾을 것이고, 침침한 물가에서 자라는 약한 갈대인 인간에게 플루트를 만들어줄 것이다. 우리 목소리는 그 빈 가슴을 통해 침묵의 경계 너머 온 세계로 퍼지리라.

태양이 없는 북쪽부터 햇빛이 쏟아지는 남쪽 사막에 이르기까지, 비록 연약한 가슴을 갖고 있으나 우리의 목적으로 말미암아 담대한 인간은 아름다운 감정과 용기를 갖게 되었노라.

인간의 의지는 곧 우리 것이고, 권리도 곧 우리 것이며, 인간의 사랑도 실은 우리 욕망의 바다를 채우기 위한 것 아니겠는가. 우리는 저 높은 곳, 인간의 잠 속에서 꿈을 꾸노라. 우리는 인간 나날들이 여명의 골짜기로부터 멀어지기를, 언덕 위에서 그들의 풍성함을 추구하도록 재촉하리라.

세상을 휩쓰는 폭풍우를 지휘하고, 무미건조한 평화로부터 인간을 불러내 왕성한 투쟁을 가르쳐 승리의 쾌감을 맛보게 하리라.

우리의 눈엔 인간 영혼을 불꽃처럼 뜨겁게 하고, 깊은 고독과 반항적인 예언으로 이끌며, 무거운 고뇌로부터 통찰력을 이끌어내는 힘이 있노라.

인간은 매인 상태로 세상에 태어났으며, 그 안에 그의 명예와 보상이 존재할 뿐이다. 우리는 신의 대변인으로서 인간을 택했고, 인간의 삶 속에서 우리가 바라는 바를 얻어내리라.

세상의 혼탁한 먼지로 인해 인간의 가슴이 막혀버린다면, 어느 누가 우리 목소리를 대변할 수 있을 것인가?

칠흑같이 어두운 밤이 인간의 눈을 멀게 한다면, 어느 누가 우리의 광휘를 보아준단 말인가?
그렇다면 바로 우리 자신의 형상이며, 우리 가슴으로 만들어낸 첫 번째 아들인 인간에게 우리는 무엇을 해줄 것인가?

세 번째 신
형제들이여, 내 강하고 담대한 형제들이여, 춤추는 이의 두 발이 노래에 취해 있구려.
춤추는 무희의 노래는 대기를 흔들고, 그녀의 두 손은 비둘기처럼 저 하늘로 날아오르는구려.

첫 번째 신
종달새가 종달새를 부를 때 하늘로 치솟아오른 독수리는 분명 그 노래를 들으리라.
그대는 노예처럼 복종하는 인간의 신앙심에 만족하고 있구려. 그러나 내 사랑은 헤아리지 못할 만큼 끝이 없다오. 나는 죽음 너머 땅에 머물고, 하늘에 터전을 편다오. 내 팔은 우주를 에워싸리라. 나는 별자리를 활로 삼고, 혜성을 화살로 삼아 한없는 우주를 정복하리라.
그대에게 나와 같은 능력이 있다해도 그것을 사용치는 못할 것이오. 한 인간이 다른 인간에 견주어 좀 더 우월한 것과 같이 신의 능력 또한 각기 다르기 때문이라오.
어쩌면 그대는 지나간 세월의 기억을 안개 속을 헤매는 것 같은 내 지친 마음에서 찾아냈으리라. 내 영혼이 산중에서 능력을 찾고, 내 눈이 잠자는 바다 속에서 인간의 형상을 추구하였을 때 말이오.
하지만 내 어제는 갓난아이의 출생으로 사라졌고, 이제 침

대지의 신

묵만이 테를 찾으며, 가슴엔 모래를 뿌리는 바람만이 스며들 뿐이라오.

아! 어제의, 죽어버린 날들이여.
구속받는 내 믿음의 어머니시여,
어떤 우월한 신이 날아가는 당신을 잡게 하려고 우리에게 힘을 주었는가?
어떤 거대한 태양이 나를 태어나게 하려고 당신 가슴을 뜨겁게 했는가?
나는 당신을 축복하지는 않으나, 또한 저주하지도 않으리.
그것은 당신이 내게 짐을 지운 것과 똑같이 나 역시 인간에게 삶의 짐을 지웠기 때문이라네. 하지만 나는 당신보다 조금은 덜 잔인했다오. 죽음을 모르는 나는 인간을 지나가는 그림자로 만들었으나, 당신은 죽어가면서도 나를 불멸의 존재로 잉태했소.

아! 어제의, 죽은 날들이여,
내가 당신을 심판할 수 있도록 먼 미래와 함께 되돌아오라.
변하지 않는 대지로부터 당신의 기억을 지우도록 두 번째 삶의 새벽을 깨워 다오.
대지가 자신의 쓰디쓴 열매로 인해 질식할 때까지, 모든 옛날의 죽은 자들과 함께 일어나는 것이 어떻겠는가?
모든 바다는 죽음을 이룬 것들에게 흘러가지 못하고, 겹친 재난은 대지의 헛된 풍요를 삼켜버릴 뿐이로다.

대지의 신

세 번째 신

형제들이여, 내 거룩한 형제들이여.

소녀가 그 노래를 들었고, 마침내 노래하는 이를 찾아나섰다오. 마치 기쁨에 찬 어린 사슴처럼, 그녀는 시냇가 바위를 뛰어넘으며 사방을 헤매다니는구려.

아, 죽음을 면치 못할 기쁨이여, 완전함을 보지 못하는 눈, 주어진 즐거움을 맛봄으로써 떨리는 입술 위 웃음!

천국으로부터 어떤 꽃이 나리고, 지옥에서는 어떤 불꽃이 피어오르는가. 무슨 일이 일어났기에 이토록 숨막히는 기쁨과 두려움에 대해 침묵하려는 마음을 자극하겠는가?

우리가 하늘에서 무슨 꿈을 찾고, 바람에게는 무슨 생각을 주었기에 잠자는 계곡을 깨우고, 그 밤을 환희로 가득 차게 했을까?

두 번째 신

세상에서 가장 훌륭한 베틀과 옷 짜는 기술이 그대에게 주어졌다오. 그것들은 영원히 그대 것이며, 검고 하얀 실도 물론 그대 것이라오. 어디 그뿐이오. 자줏빛과 금빛 나는 실도 그대 것이라오.

그러나 그대는 자신의 몸을 위해서는 옷을 만들기 싫어한다오.

그대 손은 맑디맑은 공기와 더불어 인간의 영혼을 위해서만 베틀을 움직일 뿐. 그러나 이제 그대는 그 실을 끊고, 할 일 없는 영원을 위해서 그 노련한 손가락을 빌려주겠지.

대지의 신

첫 번째 신

그렇다. 기술이 필요 없는 영원에게도 나는 내 손을 빌려주리라.

아무도 밟지 않은 밭에도 내 발자국을 남겨주리.

언제나 들리는 노랫소리에서 처음의 기쁨을 이을 수만 있다면, 생명이 바람에 무너지기 전에, 그 소리를 기억하는 귀는 누구의 가락을 멈추게 할까?

내 가슴은 내 마음이 모르는 것을 그리워한다. 기억나지 않는 모든 것에게 나는 내 영혼의 명령을 내리리라.

오, 이미 이룩한 영광으로 나를 현혹치 말라. 꿈으로 나를 위로하려 하지 말라. 땅 위에 이루어진 모든 것이 내 영혼을 초대하지 않는구나.

오, 내 영혼이여, 네 얼굴은 침묵으로 가득하며, 두 눈에는 밤의 그림자가 서려 있구나. 그러나 네 침묵은 공포와 같이 다가오기에 또한 두렵기만 하구나.

세 번째 신

형제들이여, 내 거룩한 형제들이여.

소녀가 노래하는 이를 찾았다오. 그녀는 이제 그 황홀한 얼굴에 빠졌다오. 그녀는 미풍에 살랑거리는 포도나무와 고사리나무를 지나 표범과도 같은 오묘한 발걸음으로 미끄러지듯 다가오. 이제는 그의 청결하고 힘찬 외침 가운데 그녀를 향한 바람이 듬뿍 담겨 있소.

오, 내 형제들이여, 내 경솔한 형제들이여, 어떤 또 다른 신이 스스로 감당할 수 없는 열정으로 이 붉고 흰 모직을 짰

대지의 신

는가? 어떤 굴레를 벗어난 별이 자신의 길을 잃었다는 것인가? 어떤 신비로움이 새벽의 미명으로부터 밤을 지키려 하는가? 어떤 이가 그 두 손으로 우리 세계를 들어올리려 하는가?

첫 번째 신
  내 영혼이여, 나를 감싸고 있는 당신의 불타는 세계여, 내 어찌 당신의 길을 인도할 수 있으리요. 당신의 슬픔을 어떤 우주에 알려야 하리?
  홀로 있는 내 영혼이여, 너는 굶주림 때문에 네 자신을 갉아먹으며, 목마름 때문에 네 눈물을 삼키는구나. 아마 그것은 밤이 여인의 잔에 이슬을 내리지 않기 때문이며, 한낮의 시간조차 네게 아무런 열매도 가져다주지 않기 때문이리라.

  오, 내 영혼이여, 너는 욕망의 짐을 실은 배를 좌초했노라.
  바람은 어느 쪽에서 불어야 네 돛을 넓게 펼칠 수 있으며 얼마나 더 높은 조수가 밀려 와야 네 키를 움직일 수 있단 말이냐? 이윽고 네 닻은 끌려 올라오고 너는 날개를 활짝 펼쳤지만, 하늘은 고요하고 바다는 꼼짝도 할 수 없는 네 무능함을 비웃고 있구나.

  우리에게 어떤 희망이 있겠는가?
  뜻밖의 변화가, 하늘에서의 어떤 새로운 기운이 당신을 부르는가? 당신 억압 속에서만 움직이는 인간의 손이 당신을 구원할지도 모르지.
  당신이 알고 있는 것보다 더 강한 자, 곧 당신을 억누른 자

대지의 신

의 씨를 영원히 처녀인 인간의 배에 잉태하게 하는 것은 어떨까?

두 번째 신
그대는 그 어리석은 부르짖음을 멈추고, 불타는 심장의 고동을 잠재우라. 하늘의 외침에 주의를 기울이지 않는 무가치한 자들은 곧 아무것도 들을 수 없게 되리라.
우리는 이 대지에서 가장 고귀한 존재, 우리와 저 무한한 영원 사이에는 더러운 열정의 먼지만이 존재한다.

그대는 한 번도 본 적 없는 자가, 움직이는 안개 옷을 입고 그대 영혼 안에서 쉬고 있다. 그렇다. 그대 영혼 안에서, 그대를 매어두고 편안히 누워 잠자는 그는, 잠자면서도 깨어 있는 그대의 눈이 보지 못하는 것을 볼 수 있다.
바로 그것이 우리 존재의 비밀이다.
아직 수확물을 거두어들이지도 않은 고랑에다 급히 씨앗을 뿌리기 위해, 그대는 익어가는 알곡을 버리려 하는가?
어째서 그대는 길 없는 들판에 구름을 펼치려 하는가? 어린 양들이 어찌 그대의 그늘에 모여들겠는가?
그대의 사랑스런 젖먹이 아이들을 보라.
대지는 그대가 머물 곳이며, 그대의 영광을 드높이는 보좌가 되리라.
그대 손은 먼 미래 넘어 인간의 운명까지 떠받치고 있다. 그대가 인간을 버리지 않으면 그들은 모든 기쁨과 고통을 지나 그대에게 가까이 닿으려고 하리니.
그대 또한 인간의 요구를 외면하지 않으리.

대지의 신

대지의 신

첫 번째 신
새벽은 자신의 심장으로 밤의 영혼을 느낄 수 있을까? 그렇다면 바다는 죽은 육신들을 알아볼까?
내 영혼은 새벽이 찾아오듯 거리낌없이 일어나고 있다네. 또한 쉼 없는 바다와 같이 인간과 대지의 죽어가는 사물들을 밀어낸다오.
나는 내게 붙어 있는 것들에게 매어 있지 않으리라. 내가 닿을 수 없는 곳을 향해 기꺼이 일어서리라.

두 번째 신
형제들이여, 내 이야기를 들어주오.
두 남녀가 만났다오. 두 별에 가로막힌 영혼이 하늘에서 만난 것처럼 말일세.
그들은 아무런 이야기도 없이 서로를 쳐다보았네. 그는 더 이상 노래를 부를 수 없었네. 태양이 목청을 갈아놓아 노래를 앗아간 것이라네. 그녀 또한 더 이상 행복하게 춤추다 잠들 수 없었네.
형제들이여, 내 낯선 형제들이여.
밤은 깊고 달은 더 밝은데,
초원과 바다 사이에서
황홀한 목소리가 너와 나를 부른다.

세 번째 신
존재하기 위해, 일어서기 위해, 태양 아래 불타기 위해,
마치 오리온이 우리를 보듯 살아 있는 자의 밤을 보기 위해,

대지의 신

면류관을 높이 쓴 머리로 바람을 맞기 위해,
그리고 변함없는 우리 숨결로 인간의 아픔을 치유하기 위해!
천막장이는 남몰래 베틀에 앉아 있고
옹기장이는 무심코 항아리를 굽지만
우리, 항상 깨어 있는 자들은 추측이나 우연의 역사를 믿지 않는다.
우리는 멈추지 않으며, 생각이 떠오르도록 기다리지도 않는다. 우리는 모든 쉼 없는 질문 너머에 존재한다.
만족하라, 그리고 꿈을 버려라.
우리 스스로 강물처럼 바위 덩어리에 상하지 않는 바다까지 흐르게 하라.
이윽고 우리가 그 마음에 이르러 하나가 될 때면, 더 이상 우리는 내일을 다투지 않으리라.

첫 번째 신
아, 끊임없는 이 아픔,
낮을 황혼으로, 밤을 새벽으로 인도하는 이 불면의 시간들!
항상 기억하고 또 잊는 이 헛된 습관,
운명을 뿌려 희망을 거두는 이 일,
자아를 티끌에서 안개로 들어올리는 이 한결같은 행위.
단지 티끌을 그리워하고, 그리움으로 티끌처럼 넘어지는 것, 그리고 여전히 더 큰 그리움으로 안개 속을 헤매는 것,
시간에 대한 이 분별 없는 측정.
내 영혼은, 반드시 영원의 물결이 섞이는 바다와 하나가 되거나 거친 바람이 태풍으로 변하는 하늘이 되어야만 할까?

대지의 신

만일 내가 인간처럼 맹목한 데가 있다면 언제까지나 인내할 수 있을 텐데.
만일 내가 인간과 신들의 공허를 채우는 지고한 존재였다면 성취하는 기쁨을 누렸을 텐데.
그렇지만 그대나 나는 인간이 아니며 우리를 뛰어넘는 더할 수 없이 높은 존재도 아니다.
우리는 단지 지평선과 지평선 사이에서 일어났다 사라지는 황혼이다.

우리는 다만 세상을 쥐고 또 세상에 매인 신에 불과한 존재.
이제 운명의 나팔이 울리는구나.
그러나 생생한 숨결이 서린 음악은 저 멀리에서 나온다.
그리고 나는 내 운명을 거역한다.
나는 내 자신을 하나도 남김없이 다 써버리리라.
나는 내 자신을 이 말없는 젊은이, 우리 어린 형제의 기억으로부터 멀리 사라지게 하리라.
그는 저 건너 계곡을 보는 우리 곁에 앉아서 비록 그 입술을 움직이고는 있지만 한마디도 말하지 않는다.

세 번째 신
내 말에 전혀 귀기울이지 않는 내 형제들이여,
나는 진실만을 말하리라.
그러나 그대들은 철저하게 내 말을 외면하고 있을 뿐이다.
나는 그대들에게 그대들과 내 영광을 보라고 말하지만,
그대들은 차라리 눈을 감고 자신의 보좌를 흔드는구나.

대지의 신

그대, 위의 세상과 아래 세상을 통치하려는 군주들이여,
신들은 스스로 곤하여 말로써 그대들의 기질을 해방하고
그들의 어제는 항상 그대들의 내일을 질투하며 천둥으로 이 지구를 내리치려 하도다!
그대들 불화는 옛날의 금좌가 소리를 발하는 것.
보라. 남자와 여자여,
백색의 황홀경 속에 타오르는 불꽃들을,
자줏빛 창공의 가슴을 빠는 불꽃들을.
우리는 그 자줏빛 가슴이며, 그 영속하는 창공이다.
우리 생명의 영혼은, 너와 내 영혼이 불붙은 목구멍에서 이 밤을 지내고
출렁이는 파도로 소녀의 몸에 옷 입히도다.
네 왕권이 이 운명을 흔들 수는 없으리라.
네 곤함은 단지 야망일 뿐.
이 모든 것은 남자와 여자의 열정으로 씻겨버린다.

두 번째 신
그렇다. 이런 남녀의 사랑은 무엇일까?
동풍이 어떻게 춤을 추는지,
서풍이 어떻게 노래하며 일어서는지 보라.

첫 번째 신
나는 세상의 자만하는 자를 향해, 그대가 사랑이라 부르는 저들의 느린 비애 가운데 있는 그녀의 자녀들을 향해 눈을 돌리지 않으리라.
그러면 사랑은 무엇인가?

대지의 신

그 소리나지 않는 북은 그 길고 달콤하고 불확실한 과정을 또 하나의 느린 비애로 어떻게 이끄는가?
나는 아래를 내려다보지 않으리라.
아직 태어나지 않은 내일을 위해, 저들이 자아와 부모를 내팽개치는 모습을 보지 않기 위해.

세 번째 신
아, 안다는 것의 고뇌,
장막에 싸인 진리를 살피고 물어보는 일,
그것은 우리가 세상에 더해준 것.
또한 인간의 도전에 대한 관용!
우리는 하나의 매끄러운 돌을 아래에 놓고 그 끝에 진흙을 발라놓는다.
우리는 흰 불꽃을 손으로 잡고 은밀히 속삭이기를, 그것은 돌아오는 우리 자신의 한 단편이며, 달아나버린 우리 호흡의 한 가락이요, 이제 더 짙은 향기를 내기 위해 우리 손과 입술에 달라붙어 있다고 한다.
땅의 신들이여, 내 형제들이여, 저 높은 산꼭대기에서, 우리는 여전히 땅에 속해 있고, 인간을 통해 운명의 황금시간을 맞이하기를 열망하고 있다.
우리의 지혜가 그 눈에서 아름다움을 빼앗을 수 있을까? 우리 행동이 그 욕정을 잠재우거나, 우리의 욕정으로 그 행동을 억누를 수 있을까?
그대가 생각하는 군대는 무엇이며, 사랑은 어디에 그 대군을 야영시키랴? 저들 육체 위로, 바다에서 산까지, 또다시 산에서 바다까지 사랑의 수레는 무한정 달리는데 사랑에 정복당

대지의 신

한 저들은 지금까지도 서로 절반을 포옹한 채 수줍음으로 서 있다.
　사랑은 꽃잎마다 신성한 향내를 내뿜고, 삶의 영혼을 찾는 저들 눈 위엔 그대와 나를 향한 기도가 놓여 있다.
　사랑은 기름 바른 내실을 향해 축복을 내리는 밤, 초원을 감싸는 하늘, 개똥벌레를 빛나게 하는 별.
　사실 우리는 내세에 있고, 가장 높은 자들이다.
　그러나 사랑은 우리의 의문 너머에 존재하고 우리 노래보다 더 높이 울려 퍼진다.

　두 번째 신
　그대는 먼 지구를 구한다.
　이별은 네 정력이 어디 숨어 있는지 헤아리지 않는다.
　자아와 자아가 결합한 곳 외에는 우주에 중심이 없는 것,
　미(美)는 곧 증인이요, 사제다.
　보라, 우리 발 주위에 흩어진 아름다움들을.
　그리고 우리 손을 묶어 입술을 부끄럽게 하는 것을.
　아름다움으로부터 가장 멀리 있는 자가 가장 가까운 곳에 있다.
　그리고 미가 있는 곳에 모든 것이 있다.
　아! 고결한 꿈을 꾸는 형제들이여,
　희미한 시간의 접경으로부터 우리에게 돌아오라!
　언제 어느 곳에서든지 그 발을 늦추지 마라.
　그리고 이 안전한 곳에서 우리와 함께 살아가라.
　그곳에서 그대 손과 우리 손이 얽혀 돌 위에 돌을 쌓았도다. 그대들 종족의 망토를 벗어던지고 푸르고 따뜻한 젊은 세

상의 사람들, 우리를 벗삼아.

첫 번째 신
영원한 제단이여! 참으로 그대는 이 밤에 한 신을 위해 제단을 쌓았는가? 그렇다면 내가 가리라. 가서 내 욕정과 내 아픔을 바치리.
보라, 우리가 한때 열심을 새겨 만든 무희가 다가오고 있다. 그리고 노래하는 자는 바람에게까지 자신의 노래를 외치고 있다. 그 춤과 노래로 한 신은 내 안에서 죽임을 당한다. 인간적인 갈빗대 안에 있는 내 신성은 공중에서 크게 외친다.
나를 지치게 한 그 인간적인 구멍이 신을 부른다. 처음부터 우리가 찾았던 그 미(美)가 신을 부른다.
나는 이제 그 부름에 굴복한다.
미(美)는 스스로 죽임당한 자아에 이르는 길이다. 그대의 현을 울려라. 나는 그 길을 걸으리라. 그것은 또 하나의 새벽으로 뻗쳐 있다.

세 번째 신
사랑은 승리한다.
사랑은 우리의 주인이요, 지배자다.
사랑은 육체의 방종한 부패가 아니며 욕망의 스러짐도 아니다.
또한 영혼에 대해 싸움을 시작하는 것은 육체가 아니다.
사랑은 운명을 거역하지 않는다. 단지 그것은 신성한 무덤을 위해 존재한다. 짓밟힌 추억의 길을 남기며 노래하고 춤추는 것은 영원한 비밀, 사랑은 사슬을 깨는 젊음, 잔디처럼 부드러운 남성, 불꽃으로 따뜻한 여성이며, 우리 하늘보다 더 깊은 하늘의 빛으로 반짝이고 있다.

  사랑은 영혼 속에 있는 아득한 웃음, 억눌렸던 그대를 깨우는 거친 습격이다. 그것은 지구의 한 새로운 새벽, 그대와 내 눈으로 보기에는 아직 낮이 되지 않았으나, 그 자신의 더 큰 마음으로 이미 낮이 되어 있는.

  형제들이여, 내 형제들이여,

  신부는 새벽의 심장에서 오고, 신랑은 저녁노을에서 온다.

  그 계곡에서 결혼식이 있다. 하루를 기록하기에는 그 시간이 너무 위대하다.

  그 시간은 초원이 언덕과 계곡으로 나뉜 맨 처음 아침 이래로 마지막 황혼까지 이어질 것이다.

  우리 뿌리는 계곡에서 춤추는 가지로 솟구쳤으며 우리의 노래는 향기로운 꽃으로 피어났다. 죽지 않는 쌍둥이강이 바다를 부른다.

  부름과 부름 사이에는 공허가 없으니, 시간은 우리의 귀를 더 예민하게 만들고, 더 많은 욕망을 일깨워준다.

  죽음을 향한 의심만이 그 소리를 잠재울 수 있다.

  우리는 그 의심보다 더 높이 솟는다.

  인간은 우리의 더 젊은 영혼의 자녀이다.

  인간은 서서히 일어나는 신이며,

  그 기쁨과 그 고통 사이에서 우리는 묵묵히 꿈을 꾼다.

  노래하는 자는 더 크게 외치고, 춤추는 자는 그 발을 돌게 하라. 그리고 나로 하여금 잠시 만족케 하라. 이 밤에 영혼을 맑게 비추어라. 아마 나는 졸고 있을지도 모른다.

  보라, 더 밝은 세상을,

대지의 신

그리고 내 마음에 별빛처럼 쏟아지는 유순한 피조물들을.

세 번째 신
이제 난 일어나 내 시간과 공간을 벗어나리라.
그리고 아무도 밟지 않은 저 들에서 춤추리라.
무희와 더불어 춤추며
더 높은 하늘에서 노래하리라.
인간의 목소리가 내 안에서 진동하리라.
우리는 황혼이 올 때까지 춤추고 노래하며
또 한 세상의 새벽을 깨우리라.
그러나 사랑은 한 자리에 머물고,
손가락으로 새긴 맹세는 지워지지 않으리.
그 복된 대장간이 불타고 있다.

The wanderer
방랑자

방랑자

방랑자

내가 처음 그를 만난 건 교차로에서였다. 그는 소매 없는 외투 차림으로 지팡이를 짚고 있었는데 고통의 그림자가 얼굴에 짙게 드리워져 있었다. 서로 인사를 나눈 다음 나는 그에게 말했다.

"우리 가족의 손님으로 당신을 초대합니다."

이렇게 해서 그는 우리 집으로 갔다.

아내와 아이들은 문간에서 우리를 맞이했다. 그가 살짝 웃어 보이자, 가족은 그의 방문을 환영한다는 뜻을 보였다.

잠시 뒤 우리는 모두 식탁에 앉았다. 그에게는 침묵으로 가린 무수한 비밀이 있었다. 그리하여 우리는 그와 함께 하는 시간을 몹시 행복하게 여겼다.

저녁을 먹은 다음 우리는 난롯가로 자리를 옮겼다. 나는 그의 방랑생활에 관해 물었다.

그는 밤새도록 자신의 지난 일들을 들려주었고 다음날 역시 많은 얘기를 해주었다. 그는 지극히 부드럽고 온화한 성품을 갖고 있었지만, 이제 내가 기억하는 것은 그의 지나온 나날이 아픔뿐이었다는 사실이다. 그가 내게 들려준 얘기는 정처 없는 방랑길의 먼지와 고통에 대해서였다.

사흘 뒤 그와 헤어졌을 때 우리는 손님이 떠나버린 걸 느끼지 못했다. 오히려 그 손님은 우리 가운데 하나로 남아 여전히 정원에 머물지만 아직까지 집 안으로 들어오지 않았을 뿐이라고 생각했다.

의상

어느 날 미(美)와 추(醜)가 바닷가에서 만났다.
"우리 바다에서 목욕이나 하자."
둘은 마음이 통했다.
곧 그들은 옷을 벗고 물 속에서 헤엄을 쳤다. 잠시 뒤 추(醜)가 해변으로 돌아가 스스로 미(美)의 옷을 입고 자기 길을 갔다.
미(美)도 바다에서 나왔으나 자기 옷을 찾을 수 없었다. 그녀는 알몸으로 있는 것이 너무 부끄러웠다. 그래서 스스로 추(醜)의 옷을 입었다. 그리고 미(美)는 자기 길을 걸어갔다.
바로 이날 이후로 남자와 여자들은 어떤 사람을 다른 사람으로 잘못 알게 되었다.
미(美)의 얼굴을 본 사람이 더러 있기는 하다. 두터운 외투로 몸을 가렸음에도 불구하고 그들은 미(美)의 진짜 모습을 알고 있다. 그리고 몇몇은 추(醜)의 얼굴을 알고 있다. 옷은 그를 숨겨도 그들의 눈을 가리지는 못하기 때문이다.

독수리와 종달새

종달새와 독수리가 높은 언덕 위에서 마주쳤다.
"안녕하세요, 나리."
종달새가 먼저 말을 걸었다.
"잘 있었나."

방랑자

독수리는 그를 내려다보며 기운 없이 대답했다.

"모든 일이 나리 뜻대로 되시길 빌겠어요."

종달새가 말했다.

"그래, 모든 일이 잘 되고 있지. 그런데 자네는 내가 새들의 왕이란 것을 모르나? 그걸 안다면 내가 먼저 말 걸기 전에는 입을 다물고 있어야지."

독수리가 말했다.

"생각해보니 우린 같은 형제인걸요."

종달새가 말했다.

독수리는 그를 업신여기는 눈빛으로 내려다보며 화를 냈다.

"너랑 내가 같은 형제라고 누가 그랬는데?"

종달새는 이렇게 대답했다.

"글쎄요. 하지만 이것만은 분명해요. 저는 당신만큼 높이 날 수 있답니다. 그리고 노래를 부를 수도 있고 땅 위 어떤 생물에게나 기쁨을 줄 수 있죠. 하지만 당신은 누구에게든 즐거움도 기쁨도 주지 않죠."

그러자 독수리가 버럭 고함을 질렀다.

"즐거움과 기쁨이라고! 요 주제넘은 것아! 내 부리로 한 번 건드리기만 해도 너 같은 녀석은 형편없이 찢어발길 수 있단다. 내 발바닥 크기밖에 안 되는 게 어디서 까불어."

그러자 종달새는 포르르 날아 독수리 등에 내려앉았다. 그리고 곧 그의 깃털을 뽑기 시작했다. 독수리는 작은 새로부터 벗어나려고 높이 날아올랐으나, 곧바로 그 자리에 다시 떨어지고 말았다. 그 작은 새는 여전히 성가시게 굴며 그의 등에 붙어 있었다.

바로 그 순간 거북이가 와서 그 광경을 보았다. 거북이는 터져나오는 웃음을 참지 못해 거의 뒤집어질 지경이었다.

독수리가 거북이를 내려다보고 씨근거리며 물었다.

"땅 위에서 제일 느려빠진 놈아. 넌 무얼 비웃고 있는 거냐?"

거북이가 말했다.

"당신이 꼭 말이 된 것 같군요. 당신은 등에 작은 새를 올려놓고 있는데 내 보기엔 그 작은 새가 당신보다 뛰어난 것 같네요."

독수리가 거북이에게 말했다.

"쓸데없는 참견일랑 하지 말고 네 일이나 보러 가거라. 이건 내 형제인 종달새와 나, 우리 사이에서 일어난 아주 개인적인 일이야."

연가

옛날 어떤 시인이 아름다운 사랑의 노래를 만들었다. 그는 그 시를 여러 장에 써 친구들과 제자들에게 보내주었다. 그 중에는 남자들도 있었고 여자들도 있었다. 하여튼 그는 그가 아는 모든 이들에게 시를 보내주었다. 심지어 한 번밖에 만난 적 없는 산 너머 사는 젊은 여인에게까지 보냈다.

이틀쯤 지나 심부름꾼이 그 젊은 여인의 편지를 가지고 시인을 찾았다. 편지는 대충 이런 내용이었다.

"당신이 제게 써 보낸 연가(戀歌)에 충격을 받았어요. 지금 바로 오셔서 제 부모님을 뵙도록 하세요. 분명 우리는 약혼할 수 있을 거예요."

시인은 답장을 썼다.

"친애하는 그대여, 이것은 모든 남녀의 사랑을 노래한 시인의 가슴에서 터져나온 언어에 불과하답니다."

그러자 그녀는 그에게 다시 이런 내용의 답신을 보냈다.

"언어를 희롱하는 위선자. 거짓말쟁이! 오늘부터 당신이 죽는 날까지 모든 시인들을 저주할 거야."

눈물과 웃음

저녁 무렵, 나일 강 가에서 하이에나와 악어가 만났다. 그들은 멈춰 서서 인사를 나누었다.

하이에나가 말했다.

"그 동안 어떻게 지내셨습니까?"

"나에겐 나쁜 일뿐이군요. 나는 종종 고통과 슬픔으로 눈물을 흘리죠. 그럼 사람들은 언제나 '그건 악어의 눈물일 뿐이야' 하고 말하더군요. 이런 말은 그 어떤 것보다 더 나에게 상처를 줍니다."

악어의 대답을 듣고 하이에나가 말했다.

"당신은 당신의 고통과 슬픔에 대해 얘기했는데, 잠깐만 내 처지를 생각해보세요. 나는 아름다운 세상의 놀라움과 신비함을 응시합니다. 가끔 나는 기쁨을 빼앗겨도 햇빛이 웃는 것처럼 미소짓지요. 그러면 밀림에 사는 사람들은 '그래봤자 하이에나의 웃음이야' 하고 말하죠."

시장에서

정말 아름다운 시골 소녀가 시장에 나타났다. 그녀는 백합처럼 청초하고 장미처럼 화사했다. 그녀의 머리칼은 저녁노을처럼 불타고, 입술은 새벽처럼 싱그러운 웃음이 어려 있었다. 청년들은 그 사랑스런 낯선 소녀의 환심을 사기 위해 그녀를 둘러쌌다. 어떤 이는 그녀에게 춤을 추자고 했고, 또 어떤 젊은이는 그녀에 대한 존경심으로 케이크를 잘라 오기도 했다. 그들 모두가 그녀의 뺨에 키스하고 싶어했다. 그런데 하필 그곳은 시장바닥이었다.

소녀는 그 북새통에 몹시 놀랐다. 그녀는 청년들을 불량배로 착각했다. 그래서 화를 내며 그들을 꾸짖고 대담하게 그들 중 한둘을 두드려 패주었다. 그런 뒤 도망치듯 시장을 빠져나갔다.

저녁에 집으로 돌아오면서 그녀는 혼잣말로 중얼거렸다.

"정말 지긋지긋해. 그런 놈팡이들이 얼마나 예의 없고 뻔뻔한 종자들인지 도저히 못 참겠어."

그 아름다운 소녀가 시장과 남자들에 대해 여러 생각을 하는 동안 일 년이 지났다. 소녀는 여전히 백합처럼 청초하고 장미처럼 화사한 얼굴에, 저녁노을처럼 붉은 머리칼과, 새벽빛의 미소를 머금은 입술로 시장에 다시 나타났다.

그러나 청년들은 한결같이 그녀를 외면해버렸다. 온종일 아무도 거들떠보지 않는 가운데 그녀는 몹시 외로웠다.

저녁 때 집으로 돌아오며 그녀는 마음속으로 이렇게 울부짖었다.

"정말 지긋지긋해. 젊은 놈들이 얼마나 예의 없고 뻔뻔한 종자들인지 도저히 못 참겠어."

두 왕비

샤와키스에 어떤 젊은 왕이 살았다. 그는 모든 사람들의 사랑을 받았다. 들판의 짐승들까지 그에게 인사를 건넬 정도였다.

그러나 백성들은 그의 아내인 왕비가 그를 사랑하지 않는다고 믿었다. 심지어 왕비가 그를 미워하기까지 한다는 소문이 돌았다.

어느 날 이웃 나라 왕비가 샤와키스의 왕비를 찾아왔다. 두 여인은 서로 마주 앉아 얘기를 나누었다. 화제는 주로 남편에 관한 것이었다. 샤와키스의 왕비가 이렇게 투덜거렸다.

"결혼한 지 오래 되셨어도 당신은 정말 행복해 보입니다. 전 남편을 증오해요. 그가 저만 사랑하는 것 같지 않아요. 전 정말 불행한 여자랍니다."

그러자 손님으로 온 이웃 나라 왕비가 그녀를 뚫어지게 바라보며 이런 말을 했다.

"당신은 정말로 남편을 사랑하는 것 같군요. 그게 바로 진리예요. 아직 남아 있는 정열이 있다면 그를 위해 영원히, 그리고 더욱더 뜨겁게 쏟아부으세요. 그것이 여자의 생활이랍니다. 하지만 저와 제 남편은 정말 불쌍한 인간들이랍니다. 우리는 서로 말도 없이 인내로 참고 있어요. 아직까지 다른 이들은 이것을 행복이라고 믿고 있군요."

벼락

폭풍우 치는 날, 성당에 한 이교도 여인이 찾아와 주교에게 물었다.

"저는 기독교신자가 아니에요. 지옥의 불길에서 저를 구원할 방법이 없을까요?"

주교는 여인을 바라보며 이렇게 대답했다.

"없습니다. 구원은 물의 세례나 영혼의 세례를 받은 사람에게만 있죠."

방랑자

그가 말을 끝내자 하늘에서 천둥과 함께 벼락이 떨어져 성당은 불바다가 되었다.
마을 사람들이 달려와 그 여인을 구했다. 그러나 그 주교는 온 몸뚱이가 다 타버렸다.

은자(隱者)와 짐승

아주 오랜 옛날 푸른 숲에 한 은자(隱者)가 살았다. 그는 순수한 정신과 깨끗한 마음을 가진 사람이었다. 땅 위 모든 동물과 하늘을 나는 새들이 짝지어 그에게 왔다. 그는 그들에게 많은 이야기를 들려주었다. 짐승들은 그 이야기에 귀 기울이며 그에게 가까이 모여들었다. 은자가 바람과 숲이 그들을 데려가도록 축복해주는 저녁 무렵까지 짐승들은 미동조차 하지 않았다.
어느 날 저녁 그는 사랑에 대해 말해주었다.
그러자 듣고 있던 표범이 그에게 물었다.
"지금 사랑에 대해 말씀하시는데 선생님의 짝은 어디 계시죠?"
그는 이렇게 대답했다.
"난 짝이 없다네."
그러자 모든 짐승들은 크게 놀라 소리를 질러댔다. 곧이어 그들 사이에서 불평이 터져나왔다.
"자기는 아무것도 모르면서 어떻게 우리에게 사랑을 말할 수 있어?"
그들은 멸시의 눈길과 함께 그를 혼자 내버려두고 조용히 자리를 떠났다.
그날 밤, 은자는 앓아눕고 말았다. 그는 두 손으로 자기 가슴을 치면서 서럽게 울부짖었다.

예언자와 어린이

어느 날 예언자 샤리아가 정원에서 한 아이를 만났다. 아이는 그에게 달려와 인사를 건넸다.

"안녕하세요, 선생님."

"안녕."

예언자는 이렇게 덧붙였다.

"아까부터 너는 혼자 있더구나."

그러자 아이가 반색을 하며 대꾸했다.

"유모를 따돌리는 데 시간이 오래 걸렸어요. 유모는 아직도 내가 울타리 뒤에 숨어 있다고 생각할 거예요. 내가 여기 있는 게 보일 리 없겠죠?"

아이는 예언자의 얼굴을 뚫어지게 바라보며 물었다.

"당신도 혼자군요. 당신은 유모와 무슨 일이 있었나요?"

예언자가 대답했다.

"아, 우리 유모는 다른 사람인데. 사실 나는 그녀에게서 좀처럼 벗어날 수가 없단다. 내가 이 정원에 들어왔을 때 그녀는 울타리 뒤에서 나를 찾고 있었지."

그 말에 아이는 손뼉을 치며 깔깔 웃어댔다.

"당신도 나처럼 유모를 따돌렸군요. 아무튼 벗어난다는 건 좋은 일 아닌가요?"

아이는 또 물었다.

"그런데 당신은 누구세요?"

예언자가 대답했다.

"사람들은 나를 예언자 샤리아라고 부르지. 넌 누구니?"

"나야, 그냥 나일 뿐이죠."
아이가 말했다.
"유모는 나를 찾고 있지만 내가 어디에 있는지 알지 못해요."
예언자는 허공을 보며 말했다.
"나도 잠시 도망치긴 했지만, 유모는 나를 찾아내고야 말 거야."
아이가 말했다.
"내 유모도 나를 찾아내고 말 거예요."
바로 그때 아이를 부르는 여자의 목소리가 들렸다.
"봐요, 유모가 날 찾아낼 거라고 했잖아요."
동시에 또 다른 목소리가 들렸다.
"어디 계세요, 샤리아?"
예언자가 말했다.
"봐라, 애야. 그들도 나를 찾고 있어."
예언자는 고개를 뒤로 돌리며 조용히 외쳤다.
"여기 있습니다."

진주

굴 하나가 이웃에 사는 굴에게 말했다.
"내 안에 정말 못 견디게 괴로운 것이 들어 있어. 묵직하고 둥글게 생겼지. 그것 때문에 난 미칠 지경이야."
다른 굴이 거만한 얼굴로 대답했다.
"하늘과 바다를 찬양할지어다. 나는 내 속에 고통 따위는 갖고 있지 않아. 안팎으로 모두 건강하고 완벽하지."
바로 그때 지나가던 게 한 마리가 두 굴이 하는 얘기를 들었다. 게는 안팎으로 모두 건강하고 완벽하다는 굴에게 한마디 던졌다.

"그래, 너는 건강하고 완벽하지. 하지만 네 이웃이 겪고 있는 그 고통이 무엇인지나 알고 있니? 바로 더할 나위 없이 아름다운 진주야."

육체와 영혼

어느 봄날 한 남자와 여자가 몸을 바짝 붙인 채 열린 창가에 앉아 있었다.

"난 당신을 사랑해요. 당신은 미남인데다 돈도 많고 언제나 멋지게 차려 입고 다니는 멋쟁이예요."

남자가 대꾸했다.

"나도 당신을 사랑한다오. 당신은 아름다운 사상의 결정체이고, 손으로 잡기에는 너무 멀리 있는 존재이며, 내 꿈속 노래 같은 여인이라오."

그러자 여자는 토라져서 그로부터 몸을 돌렸다.

"이젠 제발 나를 놓아주세요. 전 사상도 필요없고, 더구나 당신 꿈속에 노래처럼 흘러다니고 싶지도 않아요. 저는 한 사람의 여자예요. 당신이 날 원하길 바라고, 당신의 아내가 되어 아이를 갖길 바란다구요."

결국 그들은 헤어졌다.

남자는 마음속으로 중얼거렸다.

"지금 또 다른 꿈이 안개 속으로 사라지는구나."

여자는 이렇게 투덜거렸다.

"쳇, 나를 안개와 꿈으로 바꿔서 어쩌겠다는 거야?"

왕

사딕 왕국에 반란이 일어났다. 백성들은 반역의 함성을 지르며 왕궁을 포위했다. 왕은 한 손에 왕관을, 다른 손에는 왕홀을 들고 왕궁 계단을 내려왔다. 그 거역할 수 없는 위엄이 대중들을 압도했다. 왕은 그들 앞에 멈춰 서서 입을 열었다.

"친애하는 백성들이여, 나는 여러분을 세상 그 무엇과도 바꾸지 않겠소. 여기 내 왕관과 왕홀을 당신들에게 넘기겠소. 나는 여러분 중 한 사람이 되겠소. 나는 단지 한 인간일 뿐이오. 그러나 나는 한 인간으로서 우리 영토를 더 좋은 곳으로 가꾸기 위해 당신들과 함께 일하고 싶소. 왕위 따위는 필요치 않소. 우리 모두 들판으로 갑시다. 우리 다함께 손에 손을 잡고 일합시다. 당신들이 앞장서서 나를 포도밭으로 데려가주시오. 이제 당신들 모두 이 나라의 왕이오."

백성들은 잠시 충격을 받아 멍하니 있었다. 왕궁 앞에는 정적만 감돌았다. 그들이 생각했던 왕은 불만의 원천이었다. 그러나 그는 이제 왕관과 왕홀을 백성들에게 넘기고 평범한 인간으로 돌아간 것이다.

그들은 뿔뿔이 흩어져 자신들의 갈 길로 갔고, 왕은 그들 가운데 한 사람과 들판으로 걸어갔다.

사딕 왕국은 왕이 없어졌다 해서 더 좋아지지 않았고, 불만의 안개가 여전히 온 나라를 덮고 있었다. 장터에서 백성들은 통치자가 필요하다고 외쳤다. 늙은이들이나 젊은이들이나 한결같이 왕을 원했다.

"우리에겐 왕이 있어야 한다."

결국 그들은 왕을 찾아갔다. 그때까지 왕은 들판에서 일하고 있었다. 백성들은 왕의 옥좌와 왕관과 왕홀을 왕에게 돌려

주며 이렇게 간청했다.

"부디 힘과 정의로써 우리를 다스려주십시오."

왕이 말했다.

"난 그대들을 진정 힘으로 다스리겠노라. 또한 천지신명이 나를 돕는다면 정의로써 그대들을 다스릴 수 있을 것이다."

이때 몇몇 사람들이 앞으로 나서 한 남작을 고발했다. 그들은 남작의 농노였는데 그가 자신들을 심하게 부려먹고 함부로 대했다는 것이다. 왕은 즉시 그 남작을 불러내 재판을 열었다.

"신의 잣대로 보자면 한 인간의 생활은 다른 이의 생활만큼 중요한 것이다. 그대 영토에서 일하는 이들의 생활이 얼마나 가치 있는지 몰랐던 것이 그대의 큰 죄다. 이는 마땅히 엄벌로 다스려야 한다. 그대는 이 왕국에서 영원히 추방당할 것이다."

다음날 다른 무리들이 산 너머 사는 백작부인을 고발했다. 그들은 왕에게 백작부인이 무자비하게 자신들을 착취했다고 고했다. 왕은 즉시 백작부인을 불러 그녀에게도 추방령을 내렸다.

"스스로 땅을 일구고 포도밭을 경작하는 사람은, 그들이 요리한 빵이나 포도주를 먹고 마시는 우리보다 더 고귀한 존재들이다. 너는 이를 모르기 때문에 나라를 떠나야 한다."

다시 몇 사람이 몰려와 주교의 죄를 심판해달라고 청했다. 주교의 금고 안에는 보물이 가득 차 있음에도 주교는 굶주림에 허덕이는 그들에게 아무것도 주지 않았다는 것이다.

왕은 곧 주교를 불렀다.

"그대 가슴에 착용한 그 십자가는 생명에게 생명을 주는 것을 뜻한다. 그럼에도 그대는 생명으로부터 생명을 빼앗고 아무엇도 주지 않았다. 그대 역시 이 왕국을 영원히 떠나도록 하라."

이와 같이 보름을 나날이 사람들이 몰려와 억울함을 호소하며 왕의 판결을 구했다. 그럴 때마다 압제자들은 이 나라에서 추방당했다.

사딕 백성들은 마음속으로 왕에게 갈채를 보냈다.

그러던 어느 날 이번에는 남녀노소 할 것 없이 수많은 백성들이 왕궁으로 몰려들었다. 왕은 한 손에 왕관을, 다른 손에 왕홀을 들고 왕궁 계단을 내려왔다.

왕이 그들에게 물었다.

"더 이상 나에게 무엇을 원하는가? 보라, 이제 그대들이 나에게 주었던 이것들을 다시 되돌려주겠노라."

그러자 그들은 큰소리로 이렇게 외쳤다.

"아닙니다. 그럴 수 없어요. 당신은 우리의 왕입니다. 왕께서는 독사들의 땅을 정화하고 이리들의 계획을 망쳐놓았습니다. 우리 모두는 감사의 뜻을 표하려고 온 것입니다. 이 왕관은 존엄 속에 거하는 당신 것이고 왕홀은 당신의 영광을 위한 것입니다."

그러자 왕이 그들에게 말했다.

"아니, 그건 틀린 말이오. 여러분이야말로 이 나라의 왕이오. 당신들이 나를 무능하고 사악한 통치자라고 믿었을 땐 당신들 자신이 무능하고 사악한 존재였소. 이제 이 나라는 잘 되어가고 있소. 왜냐하면 이 나라는 여러분의 권리 안에 있기 때문이오. 나는 당신들 생각을 실천했을 뿐이고 당신들의 대변인에 불과하오. 이 나라에 통치자 따위는 이제 없소. 통치한다는 것은 단지 스스로를 다스리는 데 필요할 뿐이오."

방랑자

왕은 왕관과 왕홀을 들고 다시 왕궁으로 들어갔다. 모여 있던 군중도 각자 만족스런 표정으로 흩어졌다.

모든 사람들은 스스로가 한 손에 왕관을, 다른 손에 왕홀을 든 왕이라고 생각했다.

모래 위에서

한 사람이 다른 이에게 말했다.

"아주 오래 전에 있었던 일이네. 밀물이 밀려들 때 지팡이 끝으로 모래 위에 글을 한 줄 썼지, 그런데 사람들이 그것을 읽고는 저마다 동작을 멈추곤 가만히 있는 거야. 그것을 지울까봐 조심스러웠던 거지."

다른 사람이 말했다.

"나도 모래 위에 글을 썼어. 썰물 때였지. 순식간에 그것은 파도에 씻겨버렸어. 자네는 뭐라고 썼지? 말해봐."

첫 번째 사람이 대답했다.

"난 이렇게 썼다네. '나는 존재하는 자다' 자네는 뭐라고 썼지?"

다른 사람이 대답했다.

"나야 이렇게 썼지. '나는 이 위대한 대양의 물방울에 불과하다.'"

세 가지 선물

옛날 베샤르에 백성들의 사랑과 존경을 한 몸에 받는 어진 왕자가 살고 있었다.

그러나 유독 한 사람만은 왕자에게 불만을 품고 있었다. 그는 아주 가난한 이였는데, 혓바닥이 성가시게 끊임없이 왕자를 헐뜯고 다녔다. 왕자는 그 사실을 알고 있었지만 말없이 참고 있었다.

어느 겨울밤 왕자는 하인을 시켜 그의 집에 밀가루와 비누, 설탕 봉지가 담긴 자루를 보내주었다.

하인은 그 가난한 사람에게 말했다.

"왕자님께서 이 선물들을 보내셨습니다."

그 선물들이 왕자로부터 자기가 인정받고 있다는 뜻이라 여긴 남자는 더없이 의기양양해졌다. 그는 주교에게 가서 왕자가 한 일을 자랑스럽게 떠벌렸다.

"왕자가 나의 호의를 어떻게나 바라는지 주교님은 알 수 없겠죠?"

그러나 주교는 그를 한심스럽다는 듯 쳐다보았다.

"아, 얼마나 현명한 왕자인가. 당신같이 멍청한 인간이 그 깊은 뜻을 알 수 없지. 왕자님은 상징으로 말씀하시는 거야. 밀가루는 당신의 텅 빈 위장을 채우고, 비누는 당신의 더러운 껍질을 씻어내며, 설탕은 당신의 지독한 혓바닥을 좀더 부드럽게 하라는 뜻이지."

그날 이후 그 가난한 사람은 몹시 의기소침해졌다. 왕자에 대한 증오는 전보다 커졌고, 그에게 왕자의 의중을 깨우쳐준 주교까지 미워했다.

그러나 이 일을 계기로 그는 침묵을 지켰다.

전쟁과 평화

세 마리 개가 양지 바른 곳에서 해바라기를 하며 얘기를 나누고 있었다.

첫 번째 개가 꿈꾸듯 말문을 열었다.

"개 나라에서 산다는 것은 정말로 멋진 일이야. 우리가 바다 밑으로, 땅 위로, 그리고 하늘까지 손쉽게 돌아다닐 수 있다는 사실을 생각해봐. 모든 게 우리 안락을 위해, 우리의 눈·코·귀를 위해 만들어졌다는 것을 생각해보라구."

두 번째 개가 말했다.

"우리는 예술을 존중하지. 그렇기에 조상들보다 더 힘찬 몸짓으로 달을 보고 짖지. 그리고 물 위에 비친 우리 자신을 봐. 생김새가 옛날보다 훨씬 깨끗하잖아."

세 번째 개가 말했다.

"가장 마음에 드는 건, 우리 개들 세계에서나 볼 수 있는 조용한 의견의 일치지."

바로 그 순간, 개 사냥꾼이 그들 가까이 다가오고 있었다.

세 마리 개들은 펄쩍 뛰어올라 거리로 도망쳤다. 달리면서 세 번째 개가 외쳤다.

"아이쿠, 살려거든 무조건 뛰어라. 문명이 우릴 쫓아온다."

무용가

옛날 버카샤 왕자의 궁전에 어떤 무용가가 반주자 여러 명을 데리고 나타났다. 그녀는 각종 현악기의 흐름결에 맞춰 왕자 앞에서 춤을 추었다.

그녀는 불꽃 춤에 이어 칼과 창의 춤을 추었고, 별들의 춤과 공중의 춤을 선보였다. 맨 마지막으로는 바람 속에 나부끼는 꽃들의 춤을 추었다.

춤이 끝난 뒤 그녀는 왕자의 옥좌 앞에 섰다. 그리고 왕자에게 몸을 굽혀 절을 했다. 왕자는 그녀에게 가까이 오도록 청했다.

"아름다운 여인이여, 우아함과 기쁨의 딸이여, 그대의 예술은 어디에서 오는 것인가? 그대는 어떻게 음의 흐름과 운율을 모두 다룰 수 있는가?"

무용가는 왕자에게 다시 한 번 절을 올린 뒤 이렇게 대답했다.

"위대하고 영명하신 왕자님, 전 왕자님의 질문에 어찌 답해야 할지 모르겠습니다. 다만 철학자의 혼은 그의 머릿속에 살아 있고, 시인의 혼은 그의 가슴에 담겼으며, 성악가의 혼은 그 목구멍에서 꾸물거리고 있음을 알 뿐입니다. 그리고 무용가의 혼은 온몸 안에 머물러 있답니다."

두 수호천사

어느 날 밤 두 천사가 도시의 성문 앞에서 만났다.

첫 번째 천사가 물었다.

"여러 날 동안 어떻게 지냈죠? 당신에겐 무슨 일이 주어졌나요?"

"골짜기 아래쪽에 살고 있는 어떤 타락한 인간의 수호자 노릇을 했습니다. 아주 타락한 중죄인을 위해서 말입니다. 그렇지만 워낙 중요한 일임을 알고 있었기에 전 열심히 일했죠."

두 번째 천사의 대답을 듣고 첫 번째 천사가 시큰둥하게 내뱉었다.

"그건 아주 쉬운 임무였군요. 저도 죄인들을 더러 알고 있습니다. 여러 번이나 그들의 수호자가 됐지요. 이번에 저는 저쪽 그늘진 정자 밖에 살고 있는 훌륭한 성자(聖者)의 수호자 노릇을 하고 왔답니다. 사실 뭐라 말할 수 없을 정도로 어렵고 미묘한 일이었어요."

두 번째 천사가 말했다.

"그건 억지군요. 성인을 수호하는 일이 어찌 죄인을 수호하는 것보다 힘들다고 할 수 있습니까?"

그 말을 듣고 첫 번째 천사는 몹시 화를 냈다.

"나를 모욕하다니! 나는 진실만을 말했을 뿐이오. 억지스럽고 뻔뻔한 위인은 오히려 당신이라고 생각하는 바요!"

결국 천사들은 처음엔 말로 싸우다가 나중에는 주먹과 날개로 몸싸움을 벌였다.

그들이 싸우는 동안 어디선가 천사장(天使長)이 나타났다. 천사장은 그들을 떼어놓으며 말했다.

"왜들 싸우는 거지? 무엇 때문에 그러는 거야? 수호천사들이 도시 성문 앞에서 싸움질이나 하다니, 그게 얼마나 꼴사나운 일인지 모르나? 말해봐, 싸운 이유가 뭐야?"

두 천사는 각자 자기에게 주어진 일이 더 힘들고 중요한 일이기 때문에 마땅히 상을 받아야 한다고 목소리를 높였다.

천사장은 갸우뚱하며 잠시 생각에 잠겼다.

이윽고 그가 입을 열었다.

"너희 가운데 누가 더 명예롭고 보상받을 만한 일을 했는지 말할 수 없다. 그러나 나는 너희에게 일을 시킬 수 있는 권리가 있다. 따라서 세상을 평화롭게 하고 너희가 사람들에게 도움이 될 수 있도록 나는 너희에게 각각 다른 직분을 주었다. 그런데 지금 너희는 서로 다른 사람의 일이 더 쉽고 하찮은 것이라 떠들고 있다. 그러니 이제 여기를 떠나 맡은 바 직분에 기쁨을 느껴보도록 하라."

천사장의 명령대로 두 천사는 각자 길을 떠났다. 그들은 마음속으로 천사장을 몹시 원망했다.

방랑자

"저 망할 놈의 천사장! 여전히 우리 천사들을 힘들게 하는구나!"

두 천사는 속으로 이렇게 투덜거렸다. 그러나 천사장은 전혀 다른 생각을 하고 있었다.

"앞으로는 좀더 철저히 수호천사들을 감시하고 경계해야겠어."

교환

옛날 어느 가난한 시인이 어리석은 부자를 만나 얘기를 나누었다. 그들의 대화는 각자 가진 불만에 관한 것뿐이었다.

그때 지나가던 천사가 두 사람의 어깨에 손을 얹었다. 그러자 기적이 일어났다. 두 사람이 그들의 재산을 맞바꾼 것이다.

곧 그들은 헤어졌다. 이상하게도 시인의 손에는 푸석푸석한 모래밖에 없었다. 그 어리석은 부자의 마음속에 남아 있는 거라곤 뜬구름뿐이었다.

조상(彫像)

옛날 어느 산골에 고대 명장(名匠)의 조각품을 갖고 있는 사람이 살았다. 그는 조각품의 머리를 밑으로 향하게 해 현관에 놓아두었다. 그 조각품의 가치를 알지 못했던 것이다.

어느 날 도시에서 온 지식인이 우연히 그 집에 들렀다가 조각품을 보았다.

그는 집주인에게 그것을 팔겠느냐고 물었다.

집주인은 그 말에 반색하며 물었다.

"물론이지요. 그런데 저 멋없고 지저분한 돌을 사려고 하는 자가 있을까요?"

"파신다면 제가 이 은전을 드리지요."

집주인은 흔쾌히 그 제안을 받아들였다.

그리하여 이 진귀한 보물은 코끼리 등에 얹혀 도시로 옮겨 갔다. 여러 달이 지난 뒤 집주인은 산골을 떠나 도시로 갔다. 거리를 걷던 그는 어떤 가게 앞에 군중이 모여 있는 광경을 보았다. 그곳에서는 한 남자가 커다란 목소리로 사람들을 불러 모으고 있었다.

"여러분, 이 세상에서 제일 아름답고 신비한 고대 유물을 관람하세요. 최고의 작품을 보는 데 단돈 은전 두 닢이면 됩니다."

그러자 산골에서 온 그 집주인은 자기가 은전 한 닢에 판 조각품을 보기 위해 은전 두 닢을 내고 상점으로 들어갔다.

사랑과 미움

여자가 남자에게 말했다.

"당신을 사랑해요."

그러자 남자는 대꾸했다.

"나는 당신의 사랑을 받을 만한 사람이 되고 싶소."

여자가 말했다.

"당신은 날 사랑하지 않는군요."

남자는 그녀를 한번 힐끗 쳐다볼 뿐, 더 이상 아무 말도 안 했다.

그러자 여자가 큰소리로 울부짖었다.

"당신을 미워해요."

남자는 또 말했다.

"그러면 나도 당신의 미움을 받을 만한 사람이 되고 싶소."

꿈

한 남자가 꿈을 꾸었다. 잠에서 깨어난 그는 예언자에게 가서 자기 꿈을 해몽해달라고 청했다.

예언자는 그에게 말했다.

"당신이 눈뜨고 있을 때 본 꿈을 갖고 오시오. 그러면 내가 그 꿈의 뜻을 말해주리다. 당신이 잠들었을 때 꾼 꿈은 내 지혜는 물론 당신의 상상력에도 속하지 않습니다."

광인(狂人)

나는 정신병원의 정원에서 몹시 창백하면서도 사랑스럽고 경이로움으로 가득 찬 얼굴로 벤치에 앉아 있는 어떤 젊은이를 만났다.

나는 그의 곁에 앉아 물었다.

"여긴 왜 왔어요?"

그는 놀란 눈으로 날 바라보며 대답했다.

"내 이야기를 들어보세요. 아버지는 나를 자신의 분신처럼 만들려고 했어요. 우리 삼촌도 마찬가지였지요. 어머니는 내가 그 유명한 외할아버지를 닮기를 원했죠. 누이는 선원인 남편을 내세워 내가 그를 따르길 바랐죠. 또 형은 내가 자기처럼 멋진 운동선수가 되기를 원했어요.

게다가 선생님들도 내게 철학박사, 음악가, 논리학자 등 거울에 비친 그 자신처럼 되기를 원했어요.

그래서 나는 이곳에 왔죠. 나는 여기서 한 가지 분명한 사실을 발견했어요. 적어도 나는 나 자신이 될 수 있을 거라는 사실을 비로소 깨달았죠."

그 다음 청년은 갑자기 내게 돌아서며 이렇게 물었다.

"말씀해주세요. 당신도 교육이나 충고를 얻기 위해 이곳에 억지로 끌려왔나요?"

"아뇨, 난 방문객일 뿐이오."

내 말에 그는 대꾸했다.

"아, 그렇다면 당신은 담 너머에 있는 정신병원에서 왔군요."

개구리

어느 여름날 개구리 한 마리가 곁에 있던 친구에게 말했다.

"우리 노래 때문에 물가 근처에 사는 사람들은 보통 고역이 아닐 거야."

"글쎄, 낮에는 오히려 그들도 대화 도중에 우리가 침묵하는 걸 괴로워하지 않을까?"

두 번째 개구리의 대답에 첫 번째 개구리가 덧붙였다.

"밤중에는 아무리 노래해도 괜찮을 거야."

두 번째 개구리가 답했다.

"낮에는 사람들이 수다를 떨고 큰소리로 떠들기도 하잖아."

두 번째 개구리가 첫 번째 개구리에게 물었다.

"하느님이 금하신 시끄러운 소리로 모든 이웃을 방해하는 황소개구리는 또 어떻고?"

첫 번째 개구리가 대답했다.

"그래, 참 그리고 물가에 와서 운율도 맞지 않는 시끄러운 소리로 떠들어 대는 정치가, 목사, 과학자에 대해 넌 어떻게 말했지?"

"좋아, 이들 인간 존재보다 우리가 훨씬 낫다는 걸 증명해 보이자. 이제부터 밤에는 침묵하고 마음속으로만 노래하도록 하자. 달님이 우리 목소리를 기다리고 별들이 우리의 운율을 고대해도 말이야. 적어도 하루나 이틀, 아니 사흘 밤 동안 침묵을 지키도록 하자."

"그래, 우리의 이 다짐이 어떤 결과를 가져올지 살펴보기로 하자."

그날 밤 개구리들은 노래를 부르지 않았다. 다음날 밤에도, 또 그 다음날 밤에도 침묵을 지켰다.

이상한 얘기지만, 호수 부근에 사는 수다스런 여편네는 셋째 날 아침먹기 위해 아래층으로 내려와 그의 남편에게 신경질적으로 외쳤다.

"요 사흘 밤을 잠 한숨 못 자고 꼬박 새웠어요. 개구리들이 시끄럽게 울어댈 땐 맘 놓고 잘 수 있었는데 말예요. 무슨 일이 일어났나봐요, 사흘 밤이나 개구리들이 울지 않는다구요. 어젯밤에도 잠이 안 와 거의 미칠 뻔했어요."

이 말을 듣고 개구리가 눈을 깜박이며 친구에게 속삭였다.

"우리는 정말 침묵을 지키느라 거의 미칠 뻔했지. 안 그래?"

친구가 대답했다.

"그럼, 밤의 침묵이 우리를 무겁게 짓눌렀지. 사람들은 마음이 편해지기 위해 시끄러운 소리로 빈 가슴 속을 채우고 싶은 거야. 굳이 우리가 노래를 그만 부를 필요는 없겠어."

그날 밤 뒤로 달과 별들은 애타게 개구리들의 노랫소리를 기다리지 않아도 되었다.

방랑자

방랑자

법과 법 만들기

수 세기 전 지혜롭고 위대한 왕이 있어, 백성들을 더욱 행복하게 해주기 위해 법을 제정하기로 했다.

왕은 각기 다른 부족 출신의 현자(賢者) 천 명을 의사당으로 불러 법률을 제정했고, 모든 이들에게 이 법에 따르도록 명령했다.

그러나 양피지에 쓰인 천 개의 법률 조항을 읽은 왕은 몹시 슬피 눈물을 흘렸다. 지금까지 자신의 왕국에 천 개나 하는 죄악이 있었다는 걸 알지 못했기 때문이다.

얼마 뒤 왕은 필경사를 불러 입가에 웃음을 띠며 자신이 직접 정한 법률 조항을 불러주었다. 그 법률은 단지 일곱 항목뿐이었다.

천 명의 현자들은 화를 내며 왕궁을 떠났다. 그들은 자신들이 만든 법률을 갖고 고향으로 돌아갔다. 모든 부족은 자기 부족의 현자가 정한 법을 따랐다.

오늘날까지도 그들에겐 천 개나 되는 조항의 법률이 있다. 어찌 보면 위대한 나라였다.

그러나 그 나라는 천 개의 감옥이 있고, 그 감옥들은 천 개의 법률을 위반한 남녀들로 꽉 차 있다.

어제, 오늘, 그리고 내일

나는 친구에게 말했다.

"저 남자 팔에 기대 있는 여자를 좀 보게. 어제까지만 해도 저렇게 내 팔에 기대었는데."

친구가 말했다.

"내일은 내 팔에 기댈걸."

"남자 옆에 바싹 다가앉은 저 모습을 좀 보게. 그녀가 내 옆에 가까이 앉은 것이 바로 어제였는데."
내 말에 친구는 또 대답했다.
"내일이면 그녀가 내 옆에 앉을걸."
"저봐, 그녀가 이번에는 남자의 술잔에 있는 술을 마시고 있어. 어제는 내 것을 마시더니."
"내일은 내 술을 마실걸."
"그녀가 사랑에 빠져 순종하는 눈빛으로 그를 바라보고 있어. 어제는 저렇게 나를 보았어."
"내일은 그녀가 나를 그리 보게 될걸."
"그녀가 지금 남자의 귓가에 사랑 노래를 속삭여주는 게 들리지? 바로 어제는 그 사랑의 노래를 내 귀에 속삭였건만."
"내일은 그 노래를 내 귀에 속삭일 거야."
"저것 좀 봐. 그녀가 남자를 껴안고 있어. 나를 포옹했던 게 바로 어제였는데."
"내일이면 나를 껴안을 거야."
나는 더 이상 대꾸할 말이 없어 투덜거렸다.
"참 별난 여자군."
친구는 말했다.
"그녀는 생명과 같은 존재라 모든 남자들을 사로잡고, 죽음과 같은 존재라 모든 남자들을 정복할 것이며, 영원과 같은 존재라 모든 남자들을 껴안고 있는 것이지."

철학자와 신기료 장수
어떤 철학자가 다 해진 구두를 들고 신기료 장수를 찾아갔다.

"구두를 좀 손 봐 주십시오."

신기료 장수가 대답했다.

"난 지금 다른 사람 구두를 수선하고 있소. 당신 것을 손보기에 앞서 고쳐야 할 구두가 있죠. 구두를 여기 두고 간다면 나중에 수선해주겠소. 오늘은 여기 있는 다른 신을 신고 가시고 내일 당신 구두를 찾으러 오십쇼."

그러자 철학자는 불쾌한 듯 언성을 높였다.

"내 것도 아닌 신발을 신을 수는 없소."

신기료 장수가 말했다.

"당신은 철학자라면서요? 그런데 다른 사람 구두로는 당신 발을 감쌀 수 없다는 거요? 그렇다면 다른 데로 가보슈. 이 거리엔 나보다 솜씨 좋고, 철학자를 잘 이해하는 신기료 장수가 얼마든지 있을 테니까."

누가 다리를 지었나

바다와 가까운 앗시 강을 사이에 두고 도시는 두 구역으로 나뉘어 있었다. 이곳에 다리를 놓기로 결정한 사람은 안티오쿠스 2세였다. 왕의 명령에 따라 사람들은 산골짜기에 있는 커다란 돌을 노새의 등에 실어 날라 다리를 만들었다.

다리를 다 지었을 때, 사람들은 다릿기둥에 이 다리는 안티오쿠스 2세에 의해 가설됐음이라고 새겨넣었다.

모든 시민들은 그 훌륭한 다리로 아름다운 앗시 강을 건너다녔다.

어느 날 저녁, 왕의 말씀을 새긴 기둥에 머리가 약간 이상한 젊은이가 나타나 숯으로 그 글자들을 모두 지워버리고 이렇게 썼다.

"이 다리의 돌은 노새가 실어 날랐음. 이 다리를 건너는 당신은 다리를 지은 안티오쿠스의 노새 등을 타는 것임."

사람들은 그 글을 읽고 그저 웃어넘기거나 간혹 경탄하기도 했다. 몇몇은 이렇게 말했다.

"누가 이런 짓을 했는지 뻔하군. 그 사람 좀 돈 게 아닐까?"

이 말을 듣고 있던 노새가 다른 노새에게 웃으며 말했다.

"우리가 저 돌을 옮긴 게 생각나지 않아? 그런데 지금까지 이 다리는 안티오쿠스 왕이 만들었다고 알려졌었지."

자드의 들판

자드의 들판에서 한 여행자가 근처 마을에 사는 어떤 남자를 만났다. 여행자는 텅 빈 들판을 손으로 가리키며 남자에게 물었다.

"이곳은 알람 왕이 적군을 물리친 전쟁터가 아닌가요?"

그가 대답했다.

"이곳이 싸움터가 된 적은 한 번도 없었는데, 다만 큰 도시가 한 번 세워진 적이 있었죠. 그 도시는 불에 타 잿더미로 변했지만. 그래도 지금은 비옥한 들판이 되었죠. 안 그래요?"

여행자는 그 남자와 헤어진 뒤 반 마일도 못 가 다른 사람을 만났다. 여행자는 자드의 들판을 가리키며 다시 한 번 물었다.

"정말 저 곳이 자드의 거대한 도시가 섰던 곳인가요?"

그가 말했다.

"이곳엔 도시가 있던 적이 없었는데, 다만 수도원이 있던 적은 있죠. 그나마 남쪽 나라 사람들 손에 쑥대밭이 되고 말았지만."

바로 그 길에서 여행자는 세 번째 사람을 만났다. 그는 다시 한 번 텅 빈 들판을 가리키며 세 번째 사람에게 물었다.

"여기가 옛날에 큰 수도원이 섰던 장소란 말은 사실이 아니죠?"

그는 대답했다.

"이 근처에 수도원이 있던 적이 없어요. 우리 할아버지는, 이 들판에 큰 유성이 떨어진 적 있다는 얘기가 조상 대대로 내려온다고 말씀하셨지요."

여행자는 마음속에 의문을 품은 채 한참을 걸었다. 이번엔 아주 늙은 노인을 만났다. 그는 노인에게 정중히 인사하며 말을 건넸다.

"영감님, 저는 여기까지 오면서 이 근처에 사는 세 사람을 만났습니다. 그들 한 사람 한 사람에게 이 들판에 대해 물었죠. 그들 모두 다른 이가 말한 것을 부정하더군요. 그리고 각자 남들이 말하지 않은 새로운 얘기를 제게 들려주더군요."

그러자 그 노인은 이렇게 대답했다.

"젊은이, 그들 모두 실제 있었던 일을 자네에게 말해준 거라네. 하지만 우리 가운데 몇몇은 진짜 사실에 몇 가지 사실들을 더 보탤 수도 있고, 진실은 그렇게 만들어지는 것이지."

황금 허리띠

길에서 만난 두 사람이 살라미스를 향해 함께 걸어가고 있었다. 한낮이 되었을 때 그들은 강가에 이르렀다. 그 강에는 다리가 없었다. 헤엄을 치거나 다른 길을 찾기 전에는 강을 건널 방법이 없었다.

방랑자

그들은 의견을 모았다.

"우리 헤엄을 치도록 합시다. 다행히 강폭이 그리 넓지는 않으니까."

두 사람은 헤엄을 쳐서 강을 건너기 시작했다. 그런데 평소 물길을 잘 알고 있다던 한 사람이 거센 물살에 휩쓸려 강 중간에서 몸을 가눌 수 없게 되었다. 반면 수영은 생전 처음이라던 다른 사람은 금세 강을 건너 저편 언덕에 서 있었다. 그는 아직까지 물에서 허우적거리는 남자를 발견하고는 다시 강으로 헤엄쳐 들어가 그를 무사히 강가로 끌어올렸다.

물살에 휩쓸렸던 사람이 말했다.

"당신은 분명 헤엄칠 줄 모른다고 했잖아요. 그런데 어떻게 그리 쉽게 강을 건넜죠?"

"형씨, 이 허리띠 보이쇼? 여기엔 내가 아내와 아이들을 위해 일 년 내내 모은 금화들로 가득차 있다오. 이 황금 허리띠의 무게가 나를 건네게 한 거요. 내 아내와 아이들은 내 어깨 위에 있었다오."

적토(赤土)

나무가 사람에게 말했다.

"내 뿌리는 적토 깊숙이 박혀 있어. 머지않아 당신에게 내 열매를 줄 거야."

사람이 나무에게 말했다.

"우린 참 많이 닮았군. 내 뿌리도 적토 깊숙한 곳에 박혀 있어. 네 열매를 내게 주라고 적토는 너에게 자양분을 주지. 그리고 적토는 네게서 받은 것을 항상 고맙게 여기도록 나를 가르치고 있어."

보름달

휘영청 보름달이 떠올랐다. 마을의 모든 개들은 달을 보고 짖기 시작했다. 오직 한 마리만이 짖지 않았다. 그 개는 자못 진지한 목소리로 다른 개들에게 말했다.

"너희가 시끄럽게 짖는 소리로 달의 여신을 잠에서 깨워 이 고요를 깨뜨려서도 안 되고, 그 달을 지상으로 끌어내려도 안 돼."

모든 개들이 짖기를 멈추었고, 무서운 적막이 깃들었다.

다른 개들을 타일렀던 그 개 혼자 밤새도록 그 적막을 두려워하며 짖어댈 뿐이었다.

은둔자

깊은 산속에 속세를 떠난 은둔자가 살고 있었다. 그는 한 달에 세 번씩 큰 도시로 내려가 장터에서 자선과 나눔의 삶에 대해 설교하곤 했다. 그는 달변가였고 그 명성은 곧 온 나라에 퍼졌다.

어느 날 저녁, 그의 암자에 세 사람이 찾아왔다. 은둔자는 그들을 정중히 맞아주었다. 그들이 말했다.

"당신은 자선과 나눔의 삶에 대해 설교해왔습니다. 당신은 많이 가진 자가 적게 가진 자에게 좀더 많이 베풀어야 한다는 것을 가르치려고 노력해왔습니다. 우리는 당신의 명성이 당신에게 부를 가져다주었으리라 믿습니다. 그러니 우리에게도 그것을 나눠주시오. 우리는 가난하니까요."

"이보시오, 나는 이 침대와 이불과 물주전자밖에는 가진 게 없소. 그거라도 욕심난다면 가져가시오. 나는 금이나 은 따위는 갖고 있지 않소."

은둔자의 말이 끝나자 그들은 그를 경멸하듯 보다가는 곧이어 그에게서 얼굴을 돌렸다. 떠나기 전 그들 가운데 한 사람이 소리쳤다.

"에이, 협잡꾼! 사기꾼 녀석아! 너는 네 자신도 이루지 못한 것을 우리에게 가르치려고 했구나."

오래 된 술

아주 옛날, 지하실 안에 술을 숨겨놓고 애지중지하는 부자가 있었다. 그는 일생의 가장 소중한 순간을 위해 이곳에 수십 년 묵은 포도주 항아리를 감춰놓았다.

하루는 그 지방의 지사(知事)가 그를 찾아왔다. 부자는 잠시 생각해보고 중얼댔다.

"저 항아리를 겨우 지사에 지나지 않는 위인을 위해 열 순 없지."

관할 교구의 주교가 찾아왔을 때도 그는 속으로 이렇게 외쳤다.

"아냐, 난 저 항아리를 열지 않을 거야. 주교는 이 항아리의 가치도 모를 테고 술 향기를 음미할 줄도 모를 테니까."

또 한번은 왕자가 그와 함께 저녁을 먹었다. 이때도 그는 단호히 고개를 가로저었다.

"단순한 왕위 계승자에게 이건 너무 과분한 술이지."

친조카가 결혼하던 날에도 그는 혼자 중얼거렸다.

"안 되지. 오늘 같은 날 저 항아리를 내놓을 수는 없어."

세월이 흘러, 그는 죽음을 맞이했다. 그 늙은 몸뚱어리는 씨앗처럼 땅에 묻혔다.

그가 묻히던 날, 다른 술항아리와 함께 오래 묵은 포도주

항아리도 밖으로 나왔다. 이웃 농부들이 그 술을 차지했다. 아무도 그 술의 위대한 나이를 알지 못했다.

그들에게 그것은 그저 흔하디흔한 술일 뿐이었다.

두 시인

아주 오랜 옛날, 아테네로 가는 길에 두 시인이 만났다. 그들은 서로 반가워하며 기뻐했다.

한 시인이 다른 시인에게 물었다.

"최근에 무슨 작품을 쓰셨는지요? 그리고 그 노래를 리라로 연주하려면 어떻게 해야 합니까?"

두 번째 시인이 자랑스럽게 대답했다.

"방금 내 시 가운데 제일 훌륭한 작품을 완성했습니다. 아마도 지금까지 그리스어로 쓰인 것 중에서 가장 훌륭한 작품일 겁니다. 그 시는 제우스신에게 바치는 기원입니다."

그는 외투 밑에서 양피지를 꺼내며 이렇게 덧붙였다.

"여기 있습니다. 보세요. 나는 이것을 항상 지니고 다닌답니다. 당신에게 읽어줄 수도 있어요. 자, 우리 저기 있는 사이프러스나무 그늘 아래 가 앉읍시다."

시인은 자신이 쓴 시를 읽기 시작했다. 무척이나 긴 시였다.

듣고 있던 첫 번째 시인이 친절하게 말했다.

"정말 훌륭한 시군요. 이 시는 불후의 명작이 될 겁니다. 그리고 이 시로 인해 당신은 크게 이름을 떨칠 겁니다."

두 번째 시인이 어깨를 으쓱하며 첫 번째 시인에게 물었다.

"당신은 요즘 무슨 시를 쓰셨나요?"

"나는 별로 길게 쓰지 못했어요. 정원에서 뛰놀던 아이를 떠올리며 겨우 여덟 줄을 썼죠."

그는 그 여덟 줄을 암송했다.

"좋은데요. 아주 좋아요."

그들은 서로 덕담을 나눈 뒤 헤어졌다.

2천 년이 지난 오늘날, 한 시인이 쓴 여덟 줄의 시는 아직도 많은 사람의 입에 오르내리고 있다. 그 작품은 많은 독자들의 사랑을 받았고 소중히 여겨졌다.

또다른 시는 오랜 세월 도서관과 학자들의 서재에 전해오고 있긴 하지만, 그다지 사랑받지 못했고 읽혀지지도 않았다.

루스 부인

세 사람이 멀리 푸른 언덕에 외따로 선 하얀 집을 바라보고 있었다. 그들 중 하나가 말했다.

"저게 루스 부인의 집이야. 한마디로 늙은 마녀지."

두 번째 사람이 말했다.

"틀렸어. 루스 부인은 고귀한 이상을 품고 살아가는 아름다운 여자야."

세 번째 사람이 말했다.

"둘 다 틀렸어. 루스 부인은 엄청난 토지의 소유자야. 농노들의 피땀을 착취하고 있지."

그들은 루스 부인에 대한 이야기를 하며 걸음을 옮겼다.

교차로에서 그들은 한 노인을 만났다. 그들 중 하나가 노인에게 물었다.

"저 하얀 집에 살고 있는 루스 부인에 대해 말씀 좀 해주세요."

노인은 조용히 웃음지으며 입을 열었다.

방랑자

방랑자

"나는 아흔 살이오. 물론 루스 부인을 기억하지. 그러나 그건 내가 어릴 때 얘기요. 그녀는 80년 전에 죽었다오. 지금은 빈 집이지. 저 안에서 가끔 올빼미 울음소리가 들린다오. 사람들은 도깨비가 나온다고들 하지."

쥐와 고양이

어느 날 저녁, 시인이 농부를 만났다. 시인은 말주변이 별로 없고 농부는 숫기가 없었지만 둘은 잠시 얘기를 나누었다.

농부가 말했다.

"제가 얘기 한 토막 들려드리지요. 쥐 한 마리가 덫에 잡혔답니다. 그런데 녀석이 덫에 놓아둔 치즈를 맛있게 먹는 동안 고양이가 옆으로 다가오더랍니다. 쥐는 잠깐 겁에 질렸죠. 허나 곧 덫 안에 있는 게 안전하다는 생각을 했죠.

그때 고양이가 말했답니다.

'친구, 지금 넌 마지막 음식을 먹고 있구나.'

'그래.'

쥐가 대답했답니다.

'난 목숨이 하나뿐이야. 그러니까 죽음도 한 번뿐이지. 그런데 넌 어때? 너는 아홉 개의 목숨을 가졌다던데, 그건 네가 아홉 번 죽을 운명이라는 뜻 아닐까?'"

농부는 말을 마친 뒤 시인에게 물었다.

"좀 이상한 얘기지요?"

시인은 대답하지 않고, 마음속으로 혼잣말을 하며 걸음을 옮겼다.

"이런 세상에! 우리가 아홉이나 되는 목숨을 가졌다니. 아홉 개의 목숨을. 그렇다면 아홉 번이나 죽어야 되잖아. 아홉 번이나 죽을 바엔 차라리 덫에 걸린 쥐처럼 하나뿐인 목숨을 갖는 게 더 좋을지 몰라. 치즈 한 조각으로 최후의 만찬을 대신하는 농부의 목숨 말야. 그런데 우리가 사막이나 밀림에 사는 사자들과 동족은 아니잖아?"

저주

늙은 어부가 언젠가 내게 이런 말을 했다.

"어떤 뱃놈이 내 딸을 데리고 도망간 것이 30년 전이었소. 나는 마음속으로 그들을 저주했지. 나는 세상에서 오로지 내 딸만을 사랑했기 때문이오. 헌데 얼마 뒤 그 젊은 뱃놈이 배와 함께 바다 밑바닥에 가라앉아버렸다오. 내 사랑스런 딸도 그놈과 함께 죽었지.

자, 그러니까 이 청춘남녀를 죽인 자가 누구겠소? 그들을 죽인 건 내 저주였다오. 이제 나는 저승 가는 길목에서나마 신의 용서를 구하고 있소."

이것은 늙은이가 말한 그대로를 옮긴 것이다. 유감스럽게도 그 말 속에는 알 수 없는 가시가 박혀 있었다. 아직도 그는 자신이 지닌 저주의 힘을 자랑하는 것처럼 보였다.

석류

어떤 사람이 과수원에 꽤 많은 석류나무를 심었다. 해마다 가을이면 그는 석류들을 은쟁반에 담아 집 바깥에 놓아두었다.

쟁반에는 그가 직접 쓴 쪽지도 있었다.

"누구든지 한 개만 가져가시오. 당신을 환영합니다."

수없이 많은 사람들이 지나갔지만 석류를 집어가는 이는 한 사람도 없었다.

어느 가을, 그는 은쟁반에 담은 석류들을 집 바깥에 놓아두지 않고 대신 큰 글씨로 쓴 간판을 높이 내걸었다.

"우리나라에서 제일 좋은 석류 있음. 값은 다른 석류보다 비쌈."

그러자 근처 모든 사람들이 앞다투어 석류를 사러 오기 시작했다.

신은 몇 명인가

킬라피스 시의 어느 궤변학자가 사원 계단에 서서 여러 신을 경배해야 한다고 외쳤다. 사람들은 그 말에 별다른 감동을 얻지 못했다.

"다 아는 얘기를 떠들어대고 있군. 그들은 항상 우리와 함께 있고, 가는 곳마다 우리를 따라오지 않는가?"

잠시 뒤 이번에는 다른 사람이 장터에 서서 사람들에게 외쳤다.

"세상에 신이란 없소."

많은 사람들은 신을 두려워했기 때문에 그 말에 위안을 얻었다.

며칠 뒤에는 이름난 웅변가가 나타났다.

"세상에는 하나의 신밖에 없소."

사람들은 간담이 서늘했다. 그들은 여러 명의 신들보다 유일신(唯一神)의 천벌을 두려워했던 것이다.

같은 계절에 또 다른 이가 와 사람들에게 말했다.

"세상엔 신이 셋 있지요. 그들은 다같이 바람 위에 산답니다. 그들은 친구이자 누이인 광대와 자비로운 어머니를 가졌습니다."

그 말에 모든 사람들은 한결 마음이 놓였다. 왜냐하면 속으로 이렇게 생각했기 때문이다.

"우리가 잘못한 일에 대해 신들은 서로 다른 의견을 내놓을 거야. 그들의 어머니는 틀림없이 자비롭게 감싸주시겠지."

오늘날까지 킬라피스 시에는 제신(諸神)들과 유일신(唯一神), 일체로서의 세 신(神), 신들의 자비로운 어머니에 대한 것과 무신론에 관한 논의가 끊이지 않고 있다.

귀머거리 여인

어떤 부자가 젊은 아내와 살고 있었다. 그런데 안타깝게도 그녀는 귀머거리였다.

아침을 먹으며 그녀는 남편에게 말했다.

"어제 시장에 갔었어요. 다마스커스에서 수입한 비단옷과 인도산 덮개, 페르샤 목걸이, 그리고 암만에서 들여온 팔찌 등 정말 진귀한 물건이 많았어요. 아마도 대상(隊商)들이 물건을 이제 막 가져왔나봐요. 나 좀 보세요. 부잣집 부인이 누더기를 입고 있어야 되겠어요? 나도 좋은 물건을 얼마쯤 갖고 싶어요."

식사를 마치고 남편은 서둘러 커피를 마시며 이렇게 말했다.

"여보, 당신이 그런 걸 사서 안 될 이유는 없지. 사고 싶은 게 있으면 모두 사도록 해요."

귀머거리 아내가 말했다.

"안 된다구요! 당신은 언제나 '안 돼, 안 돼' 소리밖에 안 해요. 부자 남편에 하인까지 거느린 내가 누더기를 입고 친구들을 만나야 하겠어요?"

남편이 말했다.

"나는 안 된다고 말하지 않았소. 당신 마음대로 물건들을 사도 좋아. 시장에 가서 좋은 옷과 멋진 보석들을 구입하구려."

그러나 또 그의 말을 잘못 알아들은 아내가 대꾸했다.

"모든 부자들 가운데 당신이 제일 지독한 구두쇠예요. 당신은 물건 하나도 제대로 못 사게 하잖아요. 내 또래 다른 여자들은 값비싼 옷을 입고 온 도시를 휘젓고 다니는데."

귀머거리 아내는 울기 시작했다. 눈물이 젖가슴에 떨어지는 순간 그녀는 더욱 서럽게 통곡했다.

"내가 옷이나 보석을 원할 때마다 당신은 내게 '안 돼, 안 돼' 하고만 말했죠."

남편은 방법을 바꾸는 수밖에 없었다. 그는 금화 한 줌을 지갑에서 꺼내 상냥한 목소리로 말했다.

"시장으로 가요, 여보. 가서 사고 싶은 걸 모두 사도록 해."

그날 이후 귀머거리 아내는 원하는 것이 있을 때마다 진주 같은 눈물이 그렁그렁한 채로 남편 앞에 나타났다. 그는 말 없이 금화 한 줌을 꺼내 그녀의 무릎 사이에 놓았다.

그런데 아직 어린 아내는 여행을 즐기는 한 젊은이와 우연히 만나 사랑에 빠지고 말았다. 그가 떠나버린 뒤 그녀는 창문을 열어놓은 채 하염없이 눈물을 흘렸다.

남편은 울고 있는 그녀를 볼 때마다 마음속으로 이런 생각을 했다.

"시장에 새 비단옷과 희귀한 보석들이 들어온 게 틀림없어."

방랑자

그리고 그는 한 줌의 금화를 꺼내 그녀 앞에 놓아두는 것이었다.

탐구

천 년 전, 철학자 두 명이 레바논의 비탈길에서 만났다. 한 사람이 말을 걸었다.

"댁은 어디로 가십니까?"

"저는 이 언덕 사이에 있다는 젊어지는 샘물을 찾고 있습니다. 얼마 전에 태양을 향해 꽃이 피듯 솟구치는 그 샘에 대해 소개한 책을 읽었지요. 당신은 무엇을 찾고 계십니까?"

첫 번째 사람이 대답했다.

"저는 죽음의 신비를 찾고 있습니다."

겨우 몇 마디를 나눴을 뿐인데 두 사람은 서로 상대의 지식이 모자란다고 단정해버렸다. 그들은 상대방의 모순을 지적하며 말다툼을 시작했다.

두 철학자의 언쟁은 바람을 타고 마침 지나가던 나그네의 귀에까지 흘러갔다. 이 나그네는 자기 마을에서 바보로 소문난 사람이었다. 그는 격한 논쟁을 벌이는 두 사람의 대화 내용을 잠시 서서 들어보았다.

곧이어 그는 그들에게 가까이 가서 이렇게 말했다.

"여보십쇼. 당신들은 같은 철학학교 동기생 같군요. 서로 다른 말을 하고 있지만 당신들은 같은 것에 대해 이야기하고 있어요. 한 사람은 젊어지는 샘물을 찾는다고 하고 또 한 사람은 죽음의 신비를 찾는다고 했잖아요. 사실 그것들은 다 같은 것인데 말입니다. 그것들은 당신들 속에서 함께 살고 있는 것이잖소."

그러고 나서 나그네는 비웃듯이 덧붙였다.
"잘 가시오. 현인(賢人)양반들."
그는 떠나면서 실소를 금치 못했다.
두 철학자는 잠시 말없이 서로를 보았다. 그들도 역시 웃음을 터뜨렸다. 그들 중 하나가 먼저 입을 열었다.
"자, 그럼 우리 함께 같은 일을 좇아 보기로 할까?"

왕홀(王笏)

왕이 아내에게 말했다.
"솔직히 말하면 당신은 왕비라 할 수 없소. 내 배우자라기엔 너무 천박하고 점잖지 못하오."
아내가 말했다.
"당신은 스스로 왕이라고 생각하시겠죠. 그러나 사실 당신은 불쌍한 허수아비라구요."
그 말에 왕은 크게 노했다. 손에 왕홀을 쥐고 있던 그는 그 금빛 왕홀로 그녀의 이마를 쳤다.
바로 그때 시종장(侍從長)이 들어와 왕을 설득했다.
"세상에 이럴 수가, 폐하! 그 왕홀은 이 나라에서 가장 위대한 예술가의 작품입니다. 아아! 폐하와 왕비께서는 훗날 언젠가 잊히겠지만, 왕홀은 대대로 전해야 할 것입니다. 폐하는 지금 왕비님의 머리에 피를 그려 놓으셨군요. 폐하, 이 왕홀은 존경의 상징으로서 간직해야 합니다."

길

산골에 한 여인과 그녀의 아들이 살고 있었다. 그는 그녀의 첫 아이였고 하나밖에 없는 자식이었다.

의사가 지켜보는 가운데 그 소년은 열병으로 죽고 말았다.

어머니는 슬픔으로 미칠 지경이었다. 그녀는 울부짖으며 의사에게 간청했다.

"말씀해주세요, 제발! 내 아들의 삶을 끊어버리고 그의 노래를 멈추게 한 것은 무엇이었나요?"

의사가 말했다.

"그것은 열병 때문이었소."

"열병이 무엇인가요?"

"나도 정확히 설명할 수는 없어요. 그건 육체를 찾아드는 한없이 작은 존재요. 인간의 눈으로는 볼 수 없죠."

의사는 곧 그녀를 떠났다. 그녀는 거듭 그 말을 되뇌었다.

"한없이 작은 존재. 인간의 눈으로는 볼 수 없다고?"

저녁 때 목사가 그녀를 위로하러 찾아왔다. 그녀는 눈물을 흘리며 그에게 물었다.

"아아, 나는 어째서 하나밖에 없는 첫 아이를 잃어야 했을까요?"

목사가 대답했다.

"아아, 그 아이, 그건 신의 뜻입니다."

"신은 무엇입니까, 그리고 어디에 있나요? 그분 앞에서 내 가슴팍을 찢고, 그 발 앞에 내 가슴의 피를 쏟아내기 위해서라도 꼭 만나야겠어요. 그분을 어디서 찾을 수 있을지 말씀해주세요."

목사가 말했다.

"신은 한없이 광대합니다. 우리 인간의 눈으로는 볼 수 없습니다."

그러자 그 여자는 이렇게 외쳤다.

"한없이 작은 것이 한없이 큰 것의 의지를 통해 내 아들을 죽였단 말인가요? 그렇다면 우리는 무엇입니까? 우리는 무엇입니까?"

그때 그녀의 어머니가 죽은 소년의 수의를 가지고 방으로 들어왔다. 노파는 목사의 말과 자기 딸이 울부짖는 소리를 들었다. 그녀는 수의를 내려놓고 딸의 손을 잡으며 이렇게 말했다.

"애야, 우리는 한없이 작고도 한없이 큰 것이란다. 우리는 그 둘 사이에 있는 길이지."

고래와 나비

어느 저녁, 한 남자와 한 여자가 역마차 안에 우연히 함께 탔다. 그들은 전에도 한 번 만난 적이 있었다.

그 남자는 시인이었다. 그는 그 여자 곁에 앉아 그녀를 즐겁게 해주려고 애썼다. 그가 그녀를 위해 들려준 이야기 중 일부는 자신이 꾸며낸 것이고 일부분은 실제로 있었던 일이었다.

그가 이야기하는 동안에 어느덧 여자는 잠들어버렸다. 그때 갑자기 마차가 기우뚱거렸다. 그러자 그녀가 깨어나 말했다.

"저는 요나와 고래에 대한 당신의 얘기에 감동했어요."

시인은 말했다.

"그런데 부인, 저는 나비와 백장미에 대해 제가 꾸민 얘기를 들려드렸습니다. 그것들이 어떻게 전혀 다른 것으로 뒤바뀌어버렸나요!"

평화의 전염

꽃이 만발한 가지가 이웃에 늘어져 있는 가지에게 말했다.

"오늘은 지루하고 무료한 날이군."
다른 가지가 대답했다.
"정말 무료하고 지루해."
바로 그때 참새 한 마리가 나뭇가지에 앉았다. 그를 따라 다른 참새도 날아와 가까이 앉았다.
참새 한 마리가 말했다.
"내 짝이 나를 떠났어."
다른 참새가 외쳤다.
"내 짝도 떠나버렸어. 아마 다신 돌아오지 않을 거야. 그래 봤자 무슨 상관이야?"
갑자기 두 마리 참새는 짹짹거리며 흥분하기 시작했다. 이내 그들이 싸움을 벌이며 지저귀는 시끄러운 소리가 대기에 가득 찼다.
그리고 또 두 마리 다른 참새가 하늘에서 미끄러지듯 내려왔다. 그들은 잠시도 쉬지 않고 짹짹대는 두 마리 옆에 조용히 앉아 있었다. 곧 주위는 평화로운 분위기가 가득 퍼졌다.
얼마 뒤 그 네 마리 참새는 짝을 지어 날아갔다.
첫 번째 나뭇가지가 이웃 가지에게 말했다.
"아, 정말 날카롭고 시끄러운 소리였어."
다른 나뭇가지가 답했다.
"어쨌든 이젠 모두 평화롭고 여유를 되찾았어. 위층 공기가 평화로우면 아래층 공기도 평화로워야만 한다고 생각해. 바람결을 타고 내게 좀 더 가까이 다가오지 않겠니?"
"아, 그래. 평화를 위하여. 봄이 지나가버리기 전에 말이야."
두 개의 나뭇가지는 서로를 껴안기 위해 스스로 거센 바람에 올라 몸을 흔들었다.

그늘

6월 어느 날, 풀이 느릅나무 그늘에게 말했다.

"당신은 너무 자주 자리를 바꾸는군. 당신은 평온한 내게 훼방을 놓고 있어."

그늘이 대답했다.

"난 아냐, 난 아냐. 하늘을 봐. 동쪽에서 서쪽으로 바람을 타고 움직이는 나무가 있잖아."

풀은 위를 쳐다보았다. 그리고 처음으로 나무를 보았다. 풀은 마음속으로 중얼거렸다.

"맙소사, 저것 좀 봐. 나보다 더 큰 풀이 있잖아."

마침내 풀은 입을 다물었다.

일흔 살

젊은 시인이 왕비에게 말했다.

"당신을 사랑해요."

왕비가 대답했다.

"애야, 나도 너를 사랑한단다."

"저는 당신의 자식이 아니에요. 저도 어른이라구요. 그래서 당신을 사랑해요."

왕비가 말했다.

"난 여러 아들과 딸들의 어머니란다. 그들 또한 여러 아들과 딸들의 부모들이고, 내 손자들 중 하나는 너보다 나이가 많단다."

"그래도 저는 당신을 사랑해요."

젊은 시인이 말했다.

오래지 않아 왕비는 죽음을 맞았다. 그녀의 마지막 숨결이 위대한 대지의 숨결로 되돌아가기 전에, 그녀는 나직이 속삭였다.

"내 가장 사랑하는, 내 단 하나뿐인 아들, 내 젊은 시인이여, 언젠가 우리는 다시 만날 거야. 그곳에서 나는 일흔 살이 되지 않을 거니까."

신(神)을 찾는 자

두 사람이 골짜기를 걷고 있었다. 한 사람이 손가락으로 산중턱을 가리키곤 말했다.

"저기 있는 초막이 보입니까? 그곳엔 오랫동안 세상과 떨어져 사는 사람이 있답니다. 그가 이 땅에서 찾는 것은 오직 신뿐이죠."

다른 사람이 말했다.

"그가 고독한 초막을 떠나 속세로 돌아와 우리의 기쁨과 슬픔을 함께 나누고, 결혼식에서 함께 춤추고, 죽은 이의 관을 둘러싸고 슬퍼하는 이들과 섞여 눈물을 흘리기 전에는 결코 신을 찾지 못할 겁니다."

"당신 말에 전적으로 동의합니다. 하지만 나는 그 은자가 훌륭한 인물임을 믿어요. 선량한 사람이라면, 겉으로 보이는 선량보다 공동사회로부터 떠나 있음으로써 훌륭한 일을 좀 더 많이 할 수도 있지 않겠습니까?"

강

거대한 강이 흐르는 카디샤 유역에서 작은 시냇물 둘이 만나 대화를 나누었다.

"친구, 당신이 지나온 길은 어땠나요?"

"내 길은 너무나 힘들었어요. 한번은 물레방아 바퀴가 부서졌죠. 그리고 농작물에까지 물길을 트던 농장주인이 죽었지요. 그래서 나는 햇빛 속에 버티고 앉아 게으르게 몸뚱이를 태운 오물을 잔뜩 묻힌 채 겨우 내려왔어요. 형제여, 당신의 길은 어땠어요?"

"내가 온 길은 좀 다른 길이었어요. 향기로운 꽃들과 수줍은 듯 서 있는 수양버들 사이로 뻗은 언덕을 내려왔죠. 남자와 여자들이 은으로 만든 잔에 나를 따라 마셨죠. 꼬마들은 내 주변을 돌며 그 앙증맞은 발로 뛰놀았어요. 주위에는 온통 웃음뿐이었어요. 달콤한 노랫소리도 있었죠. 당신의 길이 그리 편하지 못했다니 안됐군요."

바로 그때 그 거대한 강이 두 시냇물의 대화를 가로막으며 큰 소리로 외쳤다.

"들어와, 빨리. 우린 바다로 가고 있어. 얘기는 그만 하고 어서 빨리 들어오라구. 이제 나와 함께 가는 거야. 우리는 바다로 가고 있어. 들어와, 어서 빨리. 내 안에 있으면 너희는 슬픔이건 즐거움이건 지나온 추억 따위는 모두 잊을 거야. 들어와, 들어오라구. 우리 어머니의 한복판인 바다에 이르면 우린 모든 길들을 까맣게 잊을 거야."

두 사냥꾼

5월 어느 날, 기쁨과 슬픔이 호숫가에서 만났다. 그들은 잔잔한 물 가까이 앉아 얘기를 나누었다.

기쁨은 땅 위의 아름다움과, 숲과 계곡을 누비며 멋지게 보내는 나날들과, 새벽과 저녁에 듣는 노래에 대해 얘기했다.

　슬픔은 기쁨이 말한 것을 모두 받아들였다. 왜냐하면 슬픔은 시간의 매력과 아름다움을 알고 있었기 때문이다.

　그리고 기쁨이 들판과 산에서 느끼는 5월을 얘기할 때, 슬픔은 깊은 감명을 받았다.

　기쁨과 슬픔은 오랫동안 얘기를 주고받았다. 그들은 자신들이 아는 모든 곳과 사물에 대해 꼭 같은 생각을 갖고 있었다.

　그때 호수 저편에 사냥꾼 두 사람이 나타났다. 그들은 물 건너편을 바라다보며 말했다.

　"저 두 사람은 누굴까?"

　"둘이라고 했나? 난 한 사람만 보이는데."

　첫 번째 사냥꾼이 말했다.

　"분명 둘이잖아."

　두 번째 사람이 말했다.

　"내 눈엔 한 사람밖에 안 보이는데, 호수에 비친 그림자도 하나뿐이야."

　"아냐, 둘이야."

　첫 번째 사냥꾼이 말했다.

　"잔잔한 물에 두 사람의 모습이 비치잖나."

　그러나 두 번째 사냥꾼은 연거푸 고개를 저었다.

　"난 한 사람밖에 안 보이는데."

　첫 번째 사냥꾼이 다시 말했다.

　"하지만 내 눈에는 틀림없이 두 사람이 보인다구."

　온종일 한 사냥꾼은 딴 사냥꾼이 본 게 틀렸다고 말했다. 다른 사냥꾼은 이렇게 말했다.

　"내 친구가 눈이 좀 멀었군."

방랑자

또 다른 방랑자

옛날, 나는 길에서 또 한 사람을 만났다. 그 역시 조금 미친 사람이었다. 그는 내게 이런 말을 했다.

"나는 방랑자예요. 때때로 내가 난쟁이들 사이를 걷고 있는 것 같아요. 아마도 내 머리가 그들보다 엄청 높은 곳에 있기 때문이겠지요. 높은 곳에 있으면 생각도 더 높고 더 자유롭죠. 난 사람들 사이가 아니라 그 위를 걷는 셈이랍니다. 그들이 볼 수 있는 건 들판에 박힌 내 발자국뿐이죠.

가끔 그들이 내 발자국의 모양과 크기에 대해 토론하는 소리를 듣습니다. '옛날에 이 땅 위를 거닐던 맘모스의 자취야' 하고 말하는 사람도 있더군요. 그러면 딴 사람들은 '아냐, 이것들은 머나먼 별에서 떨어진 운석 흔적일 뿐이야' 하고 말하죠.

그러나 당신, 내 친구인 당신은 그것들이 방랑자의 발자취라는 사실을 잘 알고 있습니다."

칼릴 지브란의 생애와 작품
박지은

'예언자'의 탄생과 어린 시절

칼릴 지브란은 1883년 1월 6일, 레바논의 북쪽 비샤리에서 태어났다. 그의 이름은 지브란 칼릴 지브란(Gibran Kahlil Gibran)으로, 아랍 전통에 따라 아버지의 가운데 이름을 물려받았다.

세리였던 아버지는 멋 부리기를 좋아하고 술과 도박으로 수입을 탕진하는 사람이었다. 권위주의적이고 변덕이 심하여 아내와 자식들은 그를 무서워했다. 어머니 카밀레 라메는 마론파 그리스도교의 독실한 신자로 총명하고 너그러운 여인이었다. 그녀는 정식 교육을 받지는 못했지만, 아랍어와 프랑스어를 유창하게 구사했고 미술과 음악에도 재능이 있었다. 또 아이들에게 동화와 성경, 옛 이야기를 들려 주는 다정다감한 어머니였다. 자상한 어머니의 사랑은 지브란에게 영혼의 등대이기도 했다. 지브란은 작품《부러진 날개》에서 어머니에 대한 사랑을 그려내고 있다.

인간이 입술에 올릴 수 있는 가장 아름다운 단어는 '어머니'이고, 가장 아름다운 부름은 '우리 엄마'라는 부름입니다. 어머니라는 단어는 희망과 사랑으로 가득 차 있고 마음 깊은 곳으로부터 울려나오는 달콤하고 다정한 단어이기도

합니다. 어머니는 모든 것입니다.

그즈음 오스만 튀르크의 통치 아래 있던 레바논에서 대학살이 일어났다. 그리스도교와 그리스정교 신자들이 이슬람 교도들에 의해 살해당한 끔찍한 유혈극이었다. 무려 3만여 명이 학살당했을 정도로 종교적 갈등은 골이 깊었다. 비샤리 마을 사람들은 다행히 산속의 요새로 도망하여 살아남았지만, 이 비극에 대한 이야기는 지브란의 마음속에 깊이 새겨졌다. 지브란은 그리스도 교도였지만 아랍 인이었으므로 이슬람교에도 영향을 받았는데, 특히 이슬람 신비주의 교단인 수피파의 영향을 크게 받았다.

또래의 아이들과는 달리 유난히 혼자 놀기를 좋아한 지브란은 집 근처의 옛 수도원 마르 사르키스에서 홀로 그림을 그리며 놀았다. 종이가 없으면 흙바닥이 그의 도화지가 되었다. 여섯 살 때는 어머니가 준 레오나르도 다빈치의 그림에 매혹되었는데, 이것은 그에게 '미지에 대한 동경'을 가득 채워 주었고 그의 평생 동안 예술에 대한 변치 않는 자극제가 되었다.

아홉 살 때 지브란은 부모와 함께 태양의 도시이며 바알 신의 도시인 바알 벡의 폐허를 구경했다. 그곳에서 캠핑하던 어느 날, 폐허가 된 사원의 문간에 앉아 동쪽을 마냥 바라보고 있던 한 '외로운 사람'을 발견했다.

지브란은 용기를 내어 그에게 뭘 하느냐고 물었다. 그러자 그가 대답했다.

"인생을 보고 있지."

"그것뿐이에요?"

"그 이상 뭐가 더 필요하지?"

눈물과 미소

이 일은 지브란에게 평생 잊히지 않는 기억으로 남았다. 이때의 감상은 그의 초기 작품에서 찾아볼 수 있다.

그는 12살이 되도록 학교교육을 받지 못했고 세리였던 아버지를 따라다니며 유목민, 양치기 등을 만났다. 양치기들 역시 학교를 다니지 못했으나 시를 읊고 플루트를 불었다. 맑은 공기와 자유로움, 별이 가득한 밤하늘은 지브란에게 순수한 신앙과 깊은 통찰을 일깨웠다. 이러한 자연환경은 그의 영감의 원천이 되어 여러 작품 속에서 환상적으로 묘사되곤 했다.

지브란이 태어난 레바논의 비샤리

지브란은 어릴 때부터 자연에 대한 호기심과 사랑이 남달랐다. 산속을 헤매고 다녔으며, 천둥 번개가 빚어내는 장엄함에 압도당했다. 어린 지브란은 대자연에 신의 역사가 그대로 드러난다고 생각했다. 이 시절의 경험이 아마도 그의 전 생애에 걸친 자연과 신에 대한 사랑의 기초가 되었을 것이다.

기회의 땅, 미국으로 가다

1892년, 지브란의 아버지는 횡령혐의로 체포되었다. 어머니

레바논 알 히크마 대학에 입학한 지브란
(1898. 15세)

는 남편의 결백을 증명하려 애썼으나 3년 후 아버지는 유죄선고를 받았고 전 재산이 몰수되었다.

1895년 아버지를 제외한 지브란의 가족은 더 나은 삶을 찾아 신대륙으로 떠났다. 당시 미국에는 급격한 산업화의 바람이 불고 있었다. 많은 사람들이 꿈과 희망을 좇아 미국으로 건너왔다. 지브란 가족이 자리잡은 곳은 미국 보스턴 변두리에 위치한 사우스 엔드의 올리브 플레이스였다. 환경이 열악하고 빈곤한 사람들이 들끓는 동네였지만, 신기한 문물과 접한 가족들은 눈이 휘둥그레져 여기저기 둘러보기에 바빴다.

어머니 카밀레는 낮에는 행상을 하고 밤에는 바느질로 생계를 꾸렸다. 90kg에 달하는 무거운 보따리를 이고 다니느라 힘이 들었지만 이를 악물고 버텨냈다. 어찌나 부지런하게 일했던지 보스턴에 정착한 지 1년이 채 되지 않아 포목점을 차릴 수 있었다.

보스턴에서 지낸 2년 동안 지브란은 퀸시 남자 초등학교에 다녔다. 그는 빠르게 영어를 습득하여 두각을 나타냈고 독특한 그림으로 교사들의 눈길을 받았다. 그를 눈여겨 본 교사들은 지브란이 미술수업을 들을 수 있게 하였고, 미술 교사 중 한 사람이 그를 한 사회사업가에게 소개했다. 그 사회사업가는 다시 프레드 홀랜드 데이(Fred Holland Day)라는 사진작가를 소개해 주었다. 데이는 지브란에게 종종 사진 모델이 되어 달라고 요청했다. 그러면서 그가 자신의 혈통에 자긍심을 가질 수 있도록 격려했다. 영어 실력이 향상될수록 지브란은 영문학에도 심취하게 되었다. 또한 종종 넘치는 영감을 화폭에 옮기기도 했다. 15세 소년이었던 지브란의 지지자가 된 데이는 자신이 운영하는 출판사를 통해 책표지 디자인을 맡기기도 했다.

35세 때의 지브란(1918)

꽃처럼 피어나는 재능

지브란의 어머니 카밀레는 아들이 레바논의 전통을 이해하고 그 안에서 예술적 감성을 꽃피우길 바랐다. 그러한 어머니의 기대와 고향에 대한 그리움을 안고 그는 15세가 되던 1898년 8월 베이루트행 배에 몸을 실었다.

레바논에 도착한 지브란은 마드라사트 알 히크마 대학에 등록했다. 당시 지브란은 아랍어를 읽기만 할 뿐 쓸 줄은 모르

지브란 자화상(연필화, 1910)

는 상태였다. 그러나 그의 지도교수 유수프 하다드 신부는 소년을 열정적으로 가르쳤다.

처음에 지브란은 자신이 영어 공부를 끝마쳤으며, "내 나라의 언어와 문학을 공부하고 그것으로 생각을 표현하기 위해" 레바논에 왔다고 말했다. 그래서 초급반에 배정되자 불만을 표시했다. 하다드 교수는 배움이 한 번에 한 단계씩 올라가는 사다리와 같다고 그를 타일렀다.

그러자 지브란이 말했다.

"교수님은 새가 사다리 없이 날아오른다는 것을 모르세요?"

지브란의 총명함에 탄복한 교수는 지브란이 원하는 수준의 공부를 할 수 있도록 도와 주었다. 다음날 하다드 교수의 책상 위에 지브란의 쪽지가 놓여 있었다.

"석 달 동안은 제게 아무것도 묻지 말아 주세요. 그 이후에는 뭐든지 물어 보셔도 좋아요."

지브란은 스펀지처럼 닥치는 대로 지식을 빨아들였다. 얼마 지나지 않아 지브란은 아랍어 작문을 교수에게 제출하기 시작했다. 교수는 자신의 제자가 특출한 인물이 될 것을 예견하고 세심한 지도를 펼쳤다.

알 히크마의 아랍어 교과 과정에는 고대와 현대 문학강독이 있어서 지브란은 위대한 수피 시인들의 작품을 접할 수 있었다. 그는 낭만주의 시대의 불문학도 공부하여 프랑스 작가의 책도 읽었다.

졸업하던 해 지브란은 친구인 유수프 후와익, 비샤라 쿠리와 함께 문예지 〈알 마나라〉를 창간했다. 이 문예지를 통해 그는 자신의 생각을 자유롭게 펼치고 그림에 대한 재능도 뽐낼 수 있었다.

메리 엘리자베스 하스켈(연필화, 1910)
보스턴 하스켈 여학교 교장이었다.

이렇게 장래가 촉망받는 지브란이었지만 아버지와 함께 있을 때는 그저 변변치 못하고 못난 아들일 뿐이었다. 아버지는 전보다 더 포악한 술꾼이 되었고, 권위주의적인 아버지와의 갈등은 뒷날 지브란이 권력에 대해 반항적인 기질을 갖게 된 시초가 되었다.

어느 날 밤, 친지들이 모였을 때 누군가가 지브란에게 자작시를 한 편 읊어 주길 요청했다. 지브란 생애 최초의 공식 낭독회였지만 아버지는 시종일관 비웃으며 말했다. "이런 미친 짓은 다신 하지 마라."

지브란은 집을 뛰쳐나가 사촌과 그의 어머니가 살던 집으로

가 버렸다.

지브란은 곧 여러 분야의 사람들과 교류하기 시작했다. 그러다가 명망이 높은 집안의 타누스 아사드 한나 다히르를 만나게 되었다. 재능 있는 청년 지브란을 좋게 본 다히르는 그가 자신의 딸인 사이디와 할라의 집안일을 돕도록 했다. 지브란과 그보다 두 살 위였던 할라는 곧 사랑에 빠졌다. 하지만 비천한 신분이었던 지브란은 그녀와의 교제를 숨겨야만 했다. 결국 그들의 사랑은 오래 가지 못했다.

1912년, 단편 《부러진 날개》에서 지브란은 재산처럼 이리저리 팔려 다니는 여성에 대한 차별과 진실한 사랑을 할 수 없게 막는 사회를 비판하고 있다. 반(半)자전적인 이 작품은 중동세계에서 최초로 여성의 권리를 옹호했다. 또한 세도가인 할라 집안에게서 거부당한 아픔은 권력에 대한 분노로 표출된다.

지브란 초기 작품의 교회와 정치권력에 맞서는 주인공들은 지브란 자신의 모습이 짙게 투영되어 있다.

끊임없는 불행

1902년 4월, 지브란과 많이 닮은 모습의 둘째 여동생 술타나가 사망했다. 열두 살에 임파선이 부어올랐지만, 워낙 연약한 터라 버텨낼 수가 없을 것 같아 수술도 할 수 없었다. 포목점을 유지하기 위해 밤낮으로 일했던 장남 부트로스는 동생의 죽음에 깊은 우울증에 빠졌다. 이미 결핵에 걸려 있었던 그가 급속히 쇠약해지자 의사는 레바논으로 돌아가 요양할 것을 권유했다. 그러나 부트로스는 사업상의 친구들이 있는 쿠바로 떠났다. 건강이 계속 악화되었지만 편지에서는 그 사실을 숨겼다.

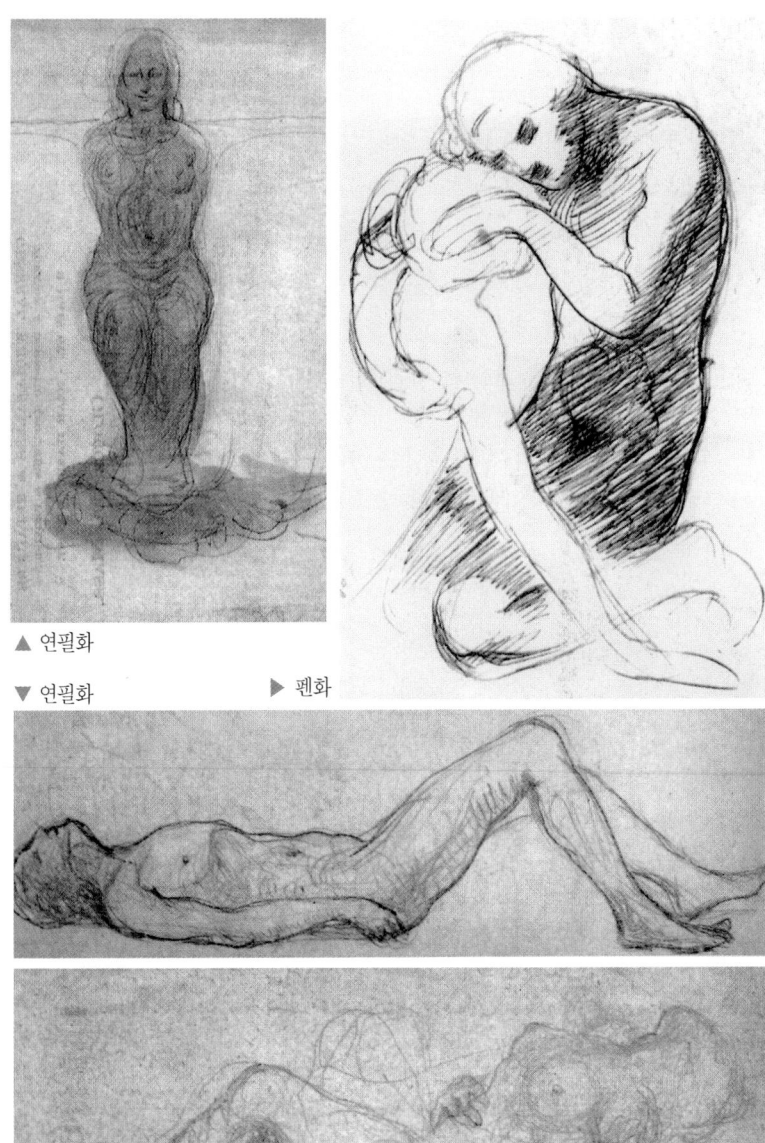

▲ 연필화

▼ 연필화　　▶ 펜화

초기의 스케치 작품들

한편 쇠약해진 어머니 카밀레도 큰아들이 쿠바로 떠난 이틀 뒤 악성종양이라는 진단을 받았다. 6주 뒤 수술을 했지만 가망이 없었다. 집안에 어두운 먹구름이 짙게 드리웠다. 지브란과 동생 마리안나는 어머니의 죽음을 예감하고 슬퍼했다. 25세의 건장했던 청년 부트로스가 집으로 돌아온 한 달 뒤 숨을 거뒀고 곧 어머니 카밀레도 아들의 뒤를 따랐다.
　이제 갓 스무 살이 된 지브란이 가장 역할을 떠맡아야 했다. 그는 채권자 두 명을 동업자로 끌어들여 함께 가게를 꾸려 나갔고 1년 동안 빚을 갚은 뒤 사업을 정리해 버렸다. 마리안나는 오빠의 뒷바라지를 위해 밤낮으로 삯바느질을 하며 가사를 돌봤다.
　1904년 4월 30일부터 5월 10일까지 지브란의 그림 전시회가 열렸다. 많은 호평을 받고 그림 두 점이 팔렸다. 입소문을 듣고 찾아온 이들 중에는 학교 선생으로 일하던 메리 엘리자베스 하스켈(Mary Elizabeth Haskell)도 있었다.
　한편 지브란은 뉴욕의 아랍 이민자 신문 〈알 모하제르〉에 주당 2달러를 받는 조건으로 자작 삽화를 곁들인 아랍어 에세이를 연재했다.
　그해 11월 프레드 홀랜드 데이의 스튜디오에 불이 나 1천여 점의 그림이 소실되었다. 여기에는 지브란의 그림도 몇 점 있었다. 이 소식을 들은 메리 하스켈은 지브란에게 위로의 편지를 보냈다. 이때부터 시작된 서신교환 및 만남은 무려 25년 동안 지속되었다.
　1905년 여름, 지브란의 《알 무지카》가 〈알 모하제르〉에서 출판되었다. 이 책은 그의 최초 아랍어 저서로 알려져 있는데, 정교하고 안정적인 문체가 열정적인 상상력을 잘 드러내

ⓐⓑ지브란의 자화상 스케치(1910)
ⓒ오페라 하우스 스케치(1910)
지브란과 아민 리하니 공동 작품

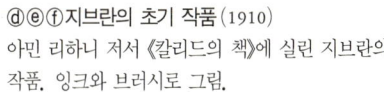

ⓓⓔⓕ지브란의 초기 작품(1910)
아민 리하니 저서 《칼리드의 책》에 실린 지브란의 작품. 잉크와 브러시로 그림.

칼릴 지브란의 생애와 작품

는 작품이었다.

　보스턴에서의 생활이 차츰 안정되면서 그의 이름도 점점 알려지기 시작했다. 그는 아랍계 지식인들과 자주 만났다. 〈알 모하제르〉에 연재되는 그의 칼럼 《눈물과 미소》는 많은 인기를 얻었다. 그는 자연을 자애로운 어머니이자 에로틱한 연인, '영혼의 복음'을 전파하는 스승으로 그리면서 자연을 파괴하는 인간들에게 경고의 목소리를 냈다. 또한 인류가 하나라는 주장을 폈다. 모든 종교가 근본적으로는 하나라고 믿었던 지브란은 종교 사이의 반목을 우려했던 것이다.

　지브란은 정부와 교회의 횡포에 대해서도 비난의 목소리를 높였다. 《계곡의 님프》라는 제목으로 묶여 나온 세 작품, 《마르타》, 《미친 유한나》, 《천 년의 먼지와 영원한 불》에서 그의 사상을 엿볼 수 있다. 앞의 두 작품에서는 자연에 대한 찬사는 물론이고, 여성에 대한 불평등한 억압과 부패한 교회의 위선적인 모습 등을 고발했다. 특히 《천 년의 먼지와 영원한 불》은 환생과 여러 생을 넘나드는 낭만적인 사랑을 잘 묘사했다. 동양사상에서 촉발된 19세기 초월주의(超越主義)와 윤회를 인정하는 그리스도교 일부 종파의 교리가 작품에 영향을 끼친 듯하다. 그동안 아랍 문학에서 다뤄지지 않은 주제를 천착한 이 작품은 중동세계에 신선한 충격을 던져 주었다.

깨달음을 준 사상과 사랑

　1908년 7월 1일, 지브란은 메리 하스켈의 권유로 예술의 도시 파리로 떠났다. 파리의 자유롭고 활기찬 분위기는 지브란을 매혹시켰다. 그는 메리에게 보낸 편지에, 파리가 세상의 중심이며 예술가의 낙원이라고 썼다. 지브란은 몽파르나스의 멘느 거리에 아파트를 얻고 쥘리앙 아카데미에 등록해 설렘에 가득 찬 파리 생활을 시작했다.

이 무렵 〈알 모하제르〉에 실렸던 이야기 네 편이 《반항하는 영혼》이라는 제목으로 묶여 출간되었다. 이 작품들 역시 기존의 부당한 사회질서를 고발하는 내용으로, 특히 중

지브라이 마이 지아다에게 보낸 편지(1912. 5. 30)

동세계 특유의 강제적인 결혼제도와 그 안에 갇힌 여성들의 삶을 신랄하게 비판하고 있다.

이런 내용은 당시 중동에서는 상당히 진보적인 사상으로, 이에 따라 자연스레 지브란을 못마땅하게 생각하는 사람들이 생겨났다. 마론파의 지도자들이 찾아와 지브란의 마음을 돌리려 애쓰기도 했고, 또 한번은 괴한이 지브란의 목숨을 노려 총을 쏘는 일도 있었다. 다행히 팔에 맞는 것으로 그쳤지만 하마터면 목숨을 잃을 뻔한 사건이었다.

아카데미의 교수들에게 배울 만큼 배웠다고 생각할 무렵, 지브란은 화가 귀스타브 모로의 제자인 베로노를 알게 되었다. 베로노는 지브란에게 작품 활동을 잠시 멈추고 《회화 대사전》을 보도록 권하고 '색채의 가치'를 공부하라고 조언했다.

1909년에 그는 일주일에 두 번씩 다섯 명의 학생들에게 구

성을 가르쳤다. 그의 '가을'이란 작품은 프랑스 국립미술관이 주최한 전시회에 출품되었고, 하반기에는 국제미술가협회의 초청으로 회화 6점을 선보이기도 했다. 파리 생활은 여러 나라의 예술가들과 활발하게 교류하던 즐거운 시기였다.

1910년 1월, 지브란은 조각가인 오귀스트 로댕을 통해 시인이자 화가인 윌리엄 블레이크에 대해 알게 되고 곧 블레이크의 작품세계에 흠뻑 빠져들었다. 지브란은 그것을 "내 영혼과 형제인 영혼을 만났다"고 표현했다. 블레이크의 세계관과 종교관, 예술관은 지브란에게 오래도록 깊은 영향을 끼쳤다.

지브란은 블레이크의 글과 그림에서 "별빛이 쏟아져 내리는 듯한" 느낌을 받았다. 그는 블레이크와 진실을 공유하고 있다는 느낌에 황홀해 했는데, 이는 마치 영혼이 춤을 추는 기분이었다. 두 사람의 공통점은 상상력과 비전의 세계를 이성 위에 쌓아올린 데 있었다. 상상력은 모든 것을 가능하게 하는 위대하고도 신성한 힘이었다. 시인이란 예언자이며 통찰력과 상상력의 소유자였다. 그리고 신과 인간, 영원과 덧없는 것을 이어주는 중개자였다. 지브란에게 시인이란 영혼의 치유자이며, 인류 구원을 위한 예언자로 여겨졌다.

지브란은 대학 시절의 친구 유수프 후와익과 재회했다. 후와익도 미술과 조각을 공부하고 있었는데, 두 사람은 그림 모델을 같이 쓰곤 했다. 몇 달 뒤 지브란은 베로노에게서 더 이상 배울 것이 없다고 판단하여 그의 문하를 떠났다.

지브란은 니체의 사상에도 흠뻑 빠져들었는데, 특히 그의 작품《차라투스트라는 이렇게 말했다》에 완전히 심취했다. 니체의 기존 질서에 대한 비판정신과 예언자적 아포리즘은 지브란의 상상력을 자극했다. 하지만 신을 완전히 부정한 니체와 지브란의 그림전시회 초청장(1919) 마이 지아다에게 보낸 초청장으로, 지브란의 아랍어 친필이 들어 있다.

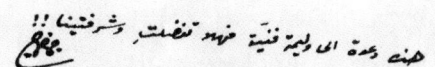

는 달리 지브란은 종교를 부정하지는 않았다. 다만 종교가 하나로 결합하여 더 발전적인 형태로 나아가길 원했을 뿐이었다.

 1910년 10월 22일, 지브란은 파리를 떠나 새로운 에너지가 약동하는 미국으로 향했다. 그리고 이때부터 메리 하스켈을 지속적으로 만나기 시작했다. 우아하면서도 열정적이고 다정한 메리 하스켈은 지브란의 생애와 떼려야 뗄 수 없는 인물이었다. 두 사람이 같이 보내는 시간은 날이 갈수록 늘어갔다. 함께 있을 때면 메리는 영어를 가르쳐 주고 지브란은 시를 읽어 주었다.

 1910년 12월 10일, 지브란은 그녀에게 청혼했다. 따뜻하고도 섬세한 감성으로 자신을 이해해 주던 메리와 인생을 함께 하고 싶은 생각이 들었던 것이다. 하지만 메리는 자신의 나이를 들어 단번에 거절했다. 우정을 어설픈 연애로 망가뜨리고 싶지 않다는 이유였다. 그녀는 지브란의 앞길을 붙잡게 될 것을 우려했다. 지브란이 육체적 접촉을 꺼리는 것이 사실은 결혼을 원하지 않기 때문이라고 여긴 점도 있었다. 그녀는 지브란의 성(性)의식을 알지 못했던 것이다. 지브란은 준수한 외모와 많은 인기에도 불구하고 매사에 처신이 단정했다. 그는 성에 대한 편견은 없었지만 거기에 매이는 것은 싫어했다. 아무튼 두 사람은 결혼하지 않고 우정을 쌓아 나갔다.

1911년 4월, 지브란은 지루해진 보스턴을 떠나 뉴욕으로 향했다. 곧 보스턴의 가라앉은 분위기에서 벗어나 뉴욕의 활기찬 에너지에 금세 젖어들었다. 그는 이민자 신문 〈알 호다〉의 편집장이 주최한 만찬에서 '자립'을 주제로 짧은 연설을 했다. 그리고 오스만 튀르크의 압제에 항거하는 '알 할카알 다하비야'라는 단체의 보스턴 지부를 결성하기도 했다.

1912년 1월에는 아랍어 단편 《부러진 날개》을 출간했다. 이 작품은 '아랍 문학 혁신의 시발점이 될 것'이라는 등의 호평을 받았다. 이 책을 통해 지브란은 이집트 카이로의 마이 지아다(May Ziadah)라는 여류작가를 알게 되었다. 당시 카이로는 아랍어권 문학 활동의 중심지였는데, 마이는 여기서 저널리스트이자 비평가로 활동했다. 두 사람은 이때부터 20여 년간 편지를 주고받으며 친분을 쌓았다.

1912년 봄에는 에드워드 피츠제럴드의 친척이며 《루바이야트》를 번역한 줄리에트 톰슨과 만났다. 줄리에트는 지브란에게 바하이교의 아랍어 작품을 빌려 주었고 바하이교의 지도자 압둘 바하의 초상화를 그려달라고 요청하기도 했다.

아랍세계에서 《부러진 날개》가 상당한 주목을 받고 있을 무렵 지브란은 일에 너무 열중한 데다 고향에 대한 그리움까지 겹쳐 건강이 악화되었다. 지브란은 일을 할 때면 거의 먹지 않고 지냈다. 하루 종일 진한 커피를 마시고 줄담배를 피워댔으며 기껏해야 과일 한두 개로 하루를 버티기 일쑤였다. 잠자

▲ 지브란이 그린 어머니 카밀레 라메(연필화, 연대미상)

▼ 압둘 바하 초상화(연필화, 1912)   ▼ 오귀스트 로댕 초상화(연필화, 1915)

칼릴 지브란의 생애와 작품

는 시간도 불규칙해서 밤을 꼬박 새는 날이 많았다.

한편 지브란의 구애 이후 메리 하스켈과 그의 사이는 그다지 좋지 않았다. 메리는 자신들의 관계가 돈 때문에 유지되고 있다고 여겼다. 물론 지브란은 화를 냈고 메리는 그가 자기를 사랑한다는 사실을 떳떳이 공개할 수 있길 바랐다. 이에 대해 지브란은 많은 사람들이 그를 바람둥이로 생각하고 있어서 고통스럽다고 말했다. 하지만 갈등의 시기가 지나고 감정이 누그러지면서 그들은 다시 예전의 평화로운 관계로 돌아갔다. 1914년 1월 무렵 메리는 일기에 이렇게 적었다. "오늘은 그를 아주 잘 알게 된 기분이다. 그가 아무것도 감추지 않아서 정말 기쁘다."

요동치는 세계와 그 변화 속으로

불황으로 실업자들이 늘어나고 각종 시위 집회가 빈발했다. 니체, 보들레르, 마르크스, 졸라 등의 혁명사상에 영향을 받은 젊은 지식인들은 기존의 부르주아적 가치에 냉소를 보냈다.

얼마 지나지 않아 제1차 세계대전이 발발했다. 지브란은 전시회를 준비하는 한편 여러 작품을 발표해 눈길을 끌었다. 지브란은 아랍어 시인 《혁명의 시작》에서 오스만 제국의 식민정책을 날카롭게 비판했다. 산문시 《바다의 딸들》에서는 억압정치에 반대하고 평화를 호소하며 혁명을 부르짖었다. 그는 물질주의가 인간의 눈을 가려 인간성을 제대로 볼 수 없게 한다고 믿었다. 그리고 이를 치유하기 위해서는 자연과의 교감을 회복해야 한다고 주장했다.

12월에 열린 전시회에 대한 평가는 다소 엇갈렸다. 부정적인 쪽이 더 많았지만, 어쨌든 그림 값으로 6천 400달러를 벌

수 있었다. 그림들이 팔리기 시작하면서 지브란은 한동안 경제적인 고통에서 벗어날 수 있었다. 그는 메리에게 단순히 그림을 그리는 그림쟁이나 시만 쓰는 글쟁이가 되고 싶지 않으며, 그 이상의 무엇이 되고 싶다고 털어놓았다. 그는 '영적 생명력으로 충만한 진정한 예술가'가 되고 싶어했다.

《광인》 '셋은 하나다'(연필화, 1918)

1916년 터키가 전쟁에 끼어들면서 레바논의 상황도 극도로 악화되었다. 공포정치가 시작되어 정부 반대파 인사들은 추방되거나 투옥되고 사형당했다. 시민들은 가축과 재산을 군대에 빼앗기고 나무들은 마구 베여나갔다. 전염병이 창궐하고 굶주림으로 목숨을 잃는 이들이 속출했다. 이 무렵 레바논의 전체인구 45만 명 가운데 10만 명이 죽었다. 지브란은 시리아—레바논원조위원회의 총무직을 맡아 고국의 동포들을 도왔다.

하지만 한편으로는 되도록 사람들을 피해 홀로 지내면서 작품을 구상하고 형이상학적인 의문을 탐구하기도 했다.

"하느님은 인간과 땅이 당신을 닮아 당신의 일부처럼 되길 원하십니다. 인간과 땅, 땅 위에 있는 모든 것들은 소망의 힘에 의지해 점점 하느님께 가까이 다가가고 있습니다. 그리고 소망이야말로 만물을 변화시키는 타고난 능력입니다. 그것이 바로 모든 물질과 모든 생명의 법칙입니다. ……영혼은 자연 속에 새로이 나타난 요소입니다. 다른 요소와 마찬가지로 고유한 속성도 가지고 있지요. 더 나은 것을 의식하고 소망하며, 자신을 초월하는 어떤 것을 갈망하는 이런 것들이 바로 영혼의 속성이며, 가장 고차원적인 물질의 형태입니다. …… 그리고 물이 거슬러 올라가는 법이 없듯이 영혼도 결코 자기의 길을 잃어버리는 법이 없습니다. ……죽음은 우리를 변화시키지 않습니다. 죽음은 단지 우리 안에 있는 참된 것, 우리의 의식을 해방시켜 줄 뿐입니다."

지브란은 시리아-마운트 레바논지원군위원회를 조직하여 활동했다. 그는 레바논과 시리아의 기아 현상이 터키 정부의 고의적인 무관심에서 비롯됐다고 믿었다. 원조위원회는 미 해군의 협력으로 기선을 기증받았다. '시저'라는 이름의 이 기선은 75만 달러어치의 식량과 필수품을 싣고 1916년 12월 17일 시리아를 향해 출발했다.

다소 마음이 놓인 지브란은 1917년 1월 29일 뉴욕의 노들러 갤러리에서 전시회를 열었다.

1918년 지브란의 첫 번째 영어 작품집 《광인》이 출판되었다. 보스턴 시절 가족들의 혼란스러운 삶이 투영된 작품으로, 수피 우화 형식을 빌렸다. 지브란은 이 작품에서 '광인'을 시인이자 예언자로 내세워 기존의 낡은 가치들을 냉소하고 새로운 자아의 탄생을 촉구했다. 지브란은 인간의 본성을 가두는 좁은 틀에서 벗어나 겉으로 드러난 자아의 가면 뒤에 숨겨진 진정한 본질을 발견해야 한다고 보았다. 이러한 본질과 만나기 위해서는 편협하고 조건 지워진 자아의 울타리를 벗어나야 한다는 것이다. 이 작품에 대해 메리는 "《광인》 앞에서…… 내 영혼과 나 사이에 있는 많은 장막들이 벗겨졌다"고 썼다.

1919년 3월, 대화 형식의 《알 마와킵》이 출간되었다. 인생의 행복과 자유와 불멸을 추구하다 길을 잃은 사람들의 행렬을 묘사한 시로서, 섬세하고 서정적인 매력이 돋보이는 작품이다. 이 작품에서 '숲'

《선구자》 '천상의 어머니'(연필화, 1920)

은 자연세계, 더 나아가 존재의 완전성과 불멸의 세계를 상징한다. 보수주의자들은 고전적인 형식과 거리가 먼 이 파격적인 작품에 대해 아랍어의 순수성을 더럽혔다며 비난했다.

그해 가을에는 그의 첫 화집 《그림 20선》이 출판되어 좋은 평가를 받았다. 화집 서문에서 앨리스 라파엘 엑스타인은 그의 시에 대해 '고대의 비유법과 현대의 신랄한 풍자, 사상과 감정의 완벽한 결합으로 빚어진 아름다움'이라고 평했다.

레바논 작가 미카일 나이미 초상화
(연필화, 1920)

모든 것에 내재하는 신

제1차 세계대전이 끝나고 1920년 지브란은 미카일 나이미를 비롯한 동료 재미(在美) 작가들과 함께 문인연대 '알라비타'를 조직했다. 초기 멤버는 모두 여덟 명으로 지브란이 대표를 맡았다. 아랍문학을 정체와 모방의 구렁에서 건져 내는 것을 목표로 한 알라비타는 현대 아랍문학에서 놀라운 파장을 일으켰다. 사람들은 알라비타를 가리켜 '현대 아랍문학의 가장 강력한 학파'이며, '활동 중인 학파 중 가장 완벽한 학파'라고 불렀다.

같은 해 여름, 지브란은 니체의 영향이 강하게 드러나는 《폭풍우》를 출간했다. 제1차 세계대전을 겪으며 느낀 허무주의가 짙게 배어 나오는 이 작품에서 사탄이 '문명'이라는 이름의 타락한 괴물을 만들어 냈다고 비난했다. 또한 종교의 위선과 부패한 정치인들에 대한 분노를 표출했다. 여기서 파멸과 갱생을 가져오는 '폭풍우'는 예수를 암시하는 상징이기도 했다.

1920년 9월에는 《선구자》가 출간되었다. 자기변혁의 중요성을 강조하는 이 작품은 니체의 허무주의적 색채를 벗고 보다 긍정적인 인식을 보여 준다.

1921년 무렵에 쓴 아랍어 시 《정치적 결별》은 중동지역에서

재미 아랍문학 학파 '알라비타' 회원들과 함께(1920)
왼쪽부터 나셉 아리다·칼릴 지브란·압둘 마시 하다드·미카일 나이미

전례 없는 주목을 받았다. 그러나 이 작품은 곧 출판과 반입이 금지되었다. 중동에서 그에게 오는 모든 우편물은 검열당했다. 검열관들은 뻔뻔스럽게도 편지에 자신들의 의견을 덧붙여 쓰거나 돈을 요구하기도 했다.

같은 해, 지브란은 아랍어 희곡《높은 기둥의 도시, 이람》을 발표했다. 이 작품에서 지브란은 여자 예언자를 주인공으로 내세워 환상의 도시 이람에서 겪는 일을 그렸다. 지브란의 영적 세계에 대한 관심과 종교관이 잘 드러나는 작품이다. 여자 예언자 아메나의 다음 대사는 이러한 작품의 특징을 잘 보여 준다.

"지구상의 모든 것은 보이든 안 보이든 오직 영적으로만 존재합니다. 나는 육체로 황금성에 들어갔어요. 육체는 나의 더 큰 영혼이 지상에 나타나는 형태에 불과하고, 모든 사람의 영혼을 안전하게 보관하는 임시보관소에 지나지 않아요. 나는 영혼 안에 감춰진 육체로 이람에 들어갔지요. 왜냐하면 땅 위에 사는 동안 이 두 가지는 항상 존재하고, 영혼에서 육체를 또는 육체에서 영혼을 분리하려고 노력하는 사람은 마음이 진리에서 멀어지게 되거든요. 꽃과 그 향기는 하나랍니다. …… 시간과 장소는 영적인 상태이며, 보이고 들리는 것도 모두 영적인 것이에요. 만일 당신이 눈을 감는다 해도 내적 자아의 깊이를 통하면 만물을 감지할 수 있을 거예요. ……만일 눈을 감고 마음과 내적 지각의 문을 연다면, 존재의 처음과 끝을 발견하게 되겠지요. ……처음이 끝이 되고, 끝이 처음이 된다는 것을."

이 작품에서 반복적으로 강조되는 '존재의 합일'은 현상 세계에 대한 절대자의 동시적 초월성과 내재성을 암시한다. 지브란은 언어로는 신을 규정하거나 제한할 수 없다고 보았다. 또한 그는 만물이 곧 신의 현현이며, 인간은 신과 현상세계를 매개하는 존재라고 주장했다.

활발한 집필 활동을 이어가는 동안 지브란의 건강은 점점 더 나빠지고 있었다. 갈수록 술이 늘었고 집필 중에는 아무것도 먹지 않고 커피로 배를 채우며 끊임없이 담배를 피웠다. 지브란을 방문한 메리가 그의 모습에 놀라 충격을 받을 정도였다. 나날이 쇠약해지던 그는 그녀에게 만성피로를 호소하곤 했다. 불면증에 시달리며 흉통을 호소하던 지브란은 전문의에게 진찰받지만 명확한 병명은 알 수 없었다. 의사는 그의 질병이 불규칙한 식생활과 수면습관에서 비롯된 것이라고 보았다.

1923년 9월, 검은 표지의 작은 책이 서점에 나타났다. 바로 칼릴 지브란이 20여 년간 준비한 일생일대의 역작 《예언자》였다. 2만 단

《예언자》맨 앞에 실린 지브란 초상화(연필화, 1923)

어에 불과한 이 작품은 엄청난 반향을 불러일으켰다. 그를 칭송하는 편지들이 쇄도했다. 콜로라도 대학은 교내 예배당의 제일 큰 종에 작품의 시구를 새겨 넣게 해달라고 요청해왔다. 루마니아 여왕은 옥새를 찍은 편지에 찬사를 적어 보냈다.

지브란은 《예언자》에서 자신을 예언자 알 무스타파로 그려 넣고 메리 하스켈은 알 미트라로 등장시켰다. 알 무스타파는 오르팔레스를 떠나기 전에 마을 사람들에게 26가지 주제에 관한 교훈을 들려준다.

알 무스타파는 이런 교훈을 통해 모든 존재가 신성하며 영원불멸하다는 종교적 믿음을 노래한다. 또한 삶과 죽음을 흑백으로 나누거나 선과 악을 철학자나 재판관처럼 엄격하게 따

지지 말라고 주장한다. '죄 없는 자만이 돌을 던지라'는 예수의 말과 통하는 이러한 메시지는 유일신 신앙의 편협성을 교정하기 위한 의도였을 것이다. 지브란은 진리는 항상 자발적이며 만들어지는 과정 속에 있다고 주장한다.

작품 면면에 흐르는 종교적 색채에도 불구하고 《예언자》는 그리스도교나 이슬람교의 인격신 개념에서 벗어나 보다 원초적이고 심원한 영혼의 세계를 노래한다. 경탄을 자아내는 단순한 문체, 엄숙하고 뛰어난 비유와 우아한 운율이 읽는 이의 마음을 뒤흔들어놓는다.

신과 자연의 품으로 돌아가다

메리 하스켈은 1921년부터 함께 살던 제이콥 플로렌스 미니스와의 결혼을 준비하고 있었다. 지브란과 메리, 두 사람의 서신교환은 《예언자》의 공동작업 이후 눈에 띄게 줄어 거의 끊기다시피 했다. 그러나 두 사람의 깊은 유대관계가 끊어진 것은 아니었다.

지브란은 메리 대신 46세의 여성 헨리에타 부튼을 비서로 채용했다. 헨리에타는 그와 함께 살지는 않았지만, 자기 숙소와 지브란의 집을 오가며 일을 했다. 지브란의 열렬한 예찬자였던 그녀는 3년 후에는 바바라 영(Barbara Young)이라는 필명으로 시집을 내기도 했다. 그녀는 지브란의 마지막까지 그의 곁을 지켰으며, 훗날 그의 평전도 썼다.

칼릴 지브란은 1926년 11월 크노프사로부터 선불로 2천 달러를 받고 《사람의 아들 예수》를 쓰기 시작했다. 그는 예수를 신이 아니라 시인으로 여겨 이렇게 말했다. "예수를 신이라고 부르는 것은 그를 모욕하는 것이다. 왜냐하면 하느님의 말씀이라고 생각하면 그의 얘기는 보잘것없지만 사람의 말에 비하면 너무나도 완벽한 시이기 때문이다."

작품 속의 예수는 동정녀에게서 태어나지도 않았고 인간의 구원을 위해 대신 죽지도 않는다. 예수는 부활하지도 않고 그의 기적은 자연현상의 하나일 뿐이다. 지브란은 자신의 상상력을 가미하여 예수를 인간성이 돋보이는 존재로 묘사했다.

말년의 칼릴 지브란

그리고 복음서의 저자들을 통해 예수를 바라보아 사건에 대한 새로운 시각을 제공했다. 지브란의 기본 믿음은 모든 종교가 같다는 것이었다.

그는 1928년 책이 출판되기 전 몇 달간 악화된 건강으로 고통을 겪었다. 몸이 아파오자 고향에 대한 그리움은 더욱 짙어만 갔다. 더욱이 레바논에서 관직을 맡아달라는 요청까지 있었다. 하지만 지브란은 정치적 야망도 없었을뿐더러 발과 다리가 부어오르는 등 건강도 좋지 않아 거절할 수밖에 없었다. 음식을 먹을 수조차 없는 지경이었다. 그러나 그는 작업을 포기하지 않았다.

지브란은 자신의 삶이 끝자락에 이르렀음을 직감하고 동생 마리안나를 생각하여 음침한 사우스 엔드를 떠나서 쾌적한 동네로 이사했다.

1930년 지브란은 《대지의 신들》을 완성했고, 이후에는 우화적 요소가 돋보이는 《방랑자》의 마무리 작업에 몰두했다.

1931년 4월 10일, 지브란은 상태가 급속도로 나빠져 다음날 혼수상태에서 병원으로 옮겨졌다. 마리안나가 전보를 받고 달려왔을 때는 아무도 알아보지 못했다. 밤 10시 50분, '간경화 및 결핵 초기증세'로 인해 지브란은 48세의 나이로 세상을 떠났다.

다음날 수백 명의 조문객이 장례 행렬을 따랐고 고위층의 각계인사들이 조의를 표했다. 그의 시신은 고향으로 옮겨져 생가에서 멀지 않은 마르 사르키스 수도원의 동굴에 안치되었다.

칼릴 지브란은 여성의 인권에 대해 전혀 관심이 없던 중동세계에서 찾아보기 힘든 열렬한 여성인권 옹호주의자였다. 그가 보기에 남녀 사이의 불평등은 여자의 자유를 빼앗을 뿐만 아니라 남자에게도 진정한 사랑을 가로막는 장애물이었다. 종교적 갈등에서 비롯된 폭력과 비참 앞에서 지브란은 분노하고 슬퍼했다. 또한 종교와 국가 권력의 국민들에 대한 착취와 핍박은 그로 하여금 펜을 놓을 수 없게 만들었다. 지브란은 인간을 억압하고 제약하는 모든 병폐적 사회제도에 반기를 들었다. 사회적 명성이나 인기에 영합하지 않고, 신과 자연을 사랑한 그는 방종한 삶과는 거리가 먼 정결한 사람이었다. 칼릴 지브란의 치유력 깃든 언어는 방향을 잃고 떠도는 지친 현대인을 위로하면서, 문명과 욕망의 휘황찬란한 장막 아래 감춰져 있던 자연과 신성, 영혼과 자유의 세계를 다시금 일깨운다.

▶ 지브란이 잠들어 있는 마르 사르키스 수도원 동굴 입구

▼ 지브란 기념관 침실 부분(비샤리)

《눈물과 미소》에 대하여

젊은 지브란의 숨결이 생생하게 살아있는 작품집《눈물과 미소》(1914)는 뉴욕의 아랍 이민자 신문〈알 모하제르〉에 연재한 글들을 모아 엮은 것으로, 삶과 사랑, 자유와 진리에 바치는 젊은 영혼의 벅찬 고백서이다.

지브란은 이 책에서 삶과 죽음, 선과 악, 사랑과 증오 같은

칼릴 지브란의 생애와 작품

대립 관념들을 서양의 이분법적 사고에서 벗어나 신비주의적 직관을 통해 노래한다. 시의 불길에 도취된 지브란의 영혼은 대립된 것에서 단일성을 발견하는 일종의 우주적 연금술에 참여한다. 그 과정 속에서 '눈물'과 '미소'라는 삶의 양 극단은 마침내 하나로 녹아들어 '삶의 신비와 영광을 드러내는 증표'이자 '신들에게 바치는 찬미의 상징'이 되는 것이다.

"내 가슴에 쌓인 슬픔을 저 숱한 사람들의 기쁨과 바꾸지 않으리라. 내 몸 구석구석에서 흐르는 슬픔이 언제든 웃음으로 바뀔 수 있는 것이라면 그런 눈물 또한 흘리지 않으리라. 나는 내 인생이 눈물과 미소를 잃지 않기를 바라네.
 눈물은 내 가슴을 씻어주고 인생의 감추어진 의미와 비밀들을 이해하게 하네. 미소는 내 종족의 아들들에게 나를 이끌어주며, 또한 신들에게 바치는 찬미의 상징이라네."

옮긴이 박지은
충남 공주에서 태어남.
세종대학교 영문학과 졸업. 중앙대학교 대학원 문학예술학과 졸업.
지은책 「사랑의 선물」「엄마를 부탁해요」
옮긴책 제임스 알렌 「인생연금술」 토마스 칼라일 「영웅숭배론」

A Tear and a smile
눈물과 미소
칼릴 지브란/박지은 옮김
1판 1쇄 발행/2011. 12. 25
발행인 고정일
발행처 동서문화사
창업 1956. 12. 12. 등록 16-3799
서울강남구신사동 563-10 ☎ 546-0331~6 (FAX) 545-0331
www.epascal.co.kr
잘못 만들어진 책은 바꾸어 드립니다.
*
이 책의 출판권 저작권은 동서문화사가 소유합니다.
의장권 제호권 편집권은 저작권 법에 의해 보호를 받는 출판물이므로 무단전재와 무단복제를 금합니다.
사업자등록번호 211-87-75330
ISBN 978-89-497-0758-7 03840